乡愁的记忆——走进古村落

江苏省“十三五”重点出版物出版规划项目

江苏省新闻出版广播影视产业发展专项资金项目

院落组成的传统村落:空间与行为

何 刚 著

东南大学出版社
SOUTHEAST UNIVERSITY PRESS
·南京·

内 容 提 要

本书在调查的基础上分析了传统村落中居住院落的空间与行为，以及居住院落组合对传统村落整体产生的影响，帮助人们更加深刻地理解传统村落的空间和行为本质特征；提出了传统村落应把对院落组合的控制作为保护发展的重要内容，并通过院落模式调适和公众参与的方式来实现。

本书对于建筑学、社会学领域的研究者和从事传统村落历史文化保护的工作者有一定参考作用。

图书在版编目(CIP)数据

院落组成的传统村落：空间与行为 / 何刚著. —南京：东南大学出版社，2018.12

ISBN 978-7-5641-8184-0

Ⅰ. ①院… Ⅱ. ①何… Ⅲ. ①村落—研究—中国 Ⅳ. ①K928.5

中国版本图书馆 CIP 数据核字(2018)第 291834 号

院落组成的传统村落:空间与行为

著　　者	何　刚
责任编辑	宋华莉
编辑邮箱	52145104@qq.com
出版发行	东南大学出版社
出 版 人	江建中
社　　址	南京市四牌楼 2 号(邮编:210096)
网　　址	http://www.seupress.com
电子邮箱	press@seupress.com
印　　刷	江苏扬中印刷有限公司
开　　本	889mm×1194mm　1/20
印　　张	8
字　　数	223 千字
版 印 次	2018 年 12 月第 1 版　2018 年 12 月第 1 次印刷
书　　号	ISBN 978-7-5641-8184-0
定　　价	48.00 元
经　　销	全国各地新华书店
发行热线	025-83790519　83791830

(本社图书若有印装质量问题，请直接与营销部联系，电话:025-83791830)

序　言

传统村落的普通民房看起来常给人一种落后或土气的感觉，但它们是否也会遵循一定的空间模式规律？这些空间具有一些怎样的行为特点？看似杂乱的传统村落里，居民院落之间的关系有规律吗？院落之间的关系可以影响村落整体形态、街道形态吗？传统风水思想在没有风水师的直接操作下，是否可以无声无息地对村落形态起影响作用？我们常常能感受到传统村落之间的形态差异，但决定这些村落外在差异的内在原因是什么？

本书基于实际的调查研究对于以上问题做出了一些原创性的回答或解释，内容虽然建立在案例调研之上，但并非只是一份简单的调研报告。本书对于居住院落的认知，建立在一定的统计基础之上，但几乎脱离了传统建筑学领域对于材料、结构构造或表象上的探讨，而试图进行更深入、更本质的探求。要理解这些内容需要由浅入深地对居住院落进行全新的认知。

本书第 1 章常规性地介绍了两个传统村落的概况，可不必细读；第 2、3 章是从独立调查中提出的对院落的一些基础认知，这部分内容比较易读并容易理解；第 4、5、6 章是一些重要的分析和解释，特别是分析了居住院落等物质空间的组合方式对村落意识领域等方面的影响，对一些重要的图表需要仔细研读并理解其含义才能获得对传统村落更深入的理解；第 7 章简要提出了中国传统村落空间的本质特征及作者对于传统村落保护发展的一些建议。

对于在城市长大没有农村生活经验的人，本书提供了一个理解农民居住空间，进而更深入理解农民生活的切入点。传统村落具有一些不同于城市和普通村落的特性，“礼失求诸野”，传统村落不仅保留了大量可以借鉴的文化传统，也存在一种不同于现代城市建筑的空间概念体系。这种体系不同于现代设计以设计者为主体的模式，而是体现为居住主体与传统和自然环境关系密切、空间与行为易于适应等特征，从而帮助人们对现代城市过度设计化、生活与空间分离、传统的遗失等现象进行反思。

本书的研究显示，在人与环境的相互渗透中，目前正在使用的普通居住院落是传统村落“过去”“现在”和“未来”三个文化形成环节中连贯而不可分割的必要阶段。不仅如此，本书还提出当前农民的核心利益是宅基地，也就是居住院落，保护普通居住院落，也就是给予传统村落弱势群体更多的生存机会。这些结论有利于维护村落居住者的现实利益，为传统村落的保护发展提供了新的视角。

目　录

图片目录

注：本文中未注明资料来源的图片均为作者拍摄或绘制

表格目录

注：本文中未注明资料来源的表格均为作者制作

第1章　见微知著——以朱洼村和张店村为案例的传统村落

1.1　传统村落的基本认识

过去常常说中国是一个传统的农业国，现在中国的工业和经济发展了，但仍然绕不开两个重要的问题：一个是农村的问题，一个是历史传统的问题。这两个问题都集中于中国现今大量存在的、有悠久历史的传统村落身上。

简言之，传统村落具有当前农村普遍具有的农村土地、农民生活问题，城镇化发展等相关的诸多问题（这些问题中有些也是随着历史发展形成的），也面临着传统文化、习俗、意识形态、社会治理等文化意识形态上的问题，这些问题往往互有关联，纠结在一起变得更为复杂。然而，这些问题都体现或反映于传统村落的物质空间载体之中，因此，对传统村落的空间物质载体的研究或许对于以上诸多重大问题的解决会有所启发或裨益。例如，农村土地问题当中农民宅基地补偿问题之所以困难，是因为农民的居住院落模式与城市完全不同，用现行城市的补偿办法去处理是不够合理也难以推行的。

传统村落空间的整体可以分为两个层次：第一个层次是村落的基本组成单位，家庭院落层次；第二个层次是村落整体层次。本书写作的结构也依据这两个层次展开。

本书对传统村落空间的研究还建立在以下基本假设之上：

(1) 时间序列上，传统村落不仅包含现存的古代村落部分，也包含近代和当代发展形成的、尚没有完全分化的新建（新村）部分。因为传统村落不同时期发展的各部分不仅具有空间上的联系，更存在千丝万缕的社会联系，是一个密不可分的整体。这点不同于以历史保护为主要目的关注于古村落部分的研究。

(2) 传统村落作为一个完整的整体，不仅包含物质空间，也包含居住在其中的人的活动。费孝通曾说，村庄是一个社区，是一个由各种形式的社会活动组成的群体，是一个为人们所公认的事实上的社会单位（费孝通，2005）。这点也不同于以往建筑学领域往往侧重于对村落空间形态的研究。

（3）对于传统村落而言，由于不同地域不同历史的传统村落具有各自的特性，本书采用案例研究的方法以“见微知著”。本研究注重的不是“统计显著性”，而是“社会显著性”，所选传统村落的“案例”并不是“样本”（前者强调的是“质”的概念，后者强调的是“量”的概念，而传统村落的研究很难是一个典型情景中的实验对象，而是充满不确定性的现实情景）。本书强调的是所选案例村落能体现传统村落所普遍具有的一些内在而深刻的重要特征，案例选择的目的在于通过“显微镜”来观察某一特定地域下的物质经济条件制约下各种材料的混合利用形成的建筑风格，用最低的成本和最低的消耗来满足农村居民生活居住的办法，以及风水理论对当地建造模式的引导等，推导出居住空间与行为的本质特征及其对村落内在特征的影响。案例研究的这些内在属性对所有的传统村落研究都具有启发性，但具体到单个的传统村落其表现形式和内容则可能各有不同。

由此，本书选择了城镇化完成度较低的中原地区的传统村落进行讨论，这是由于中原地区有着悠久的历史传统，另一方面其地理位置相对居中。此外，处于未完成城镇化地区的传统村落目前还保留着大量的原始资源；另一方面已完成城镇化过程的传统村落其文化遗产或者被破坏殆尽或者已有较完整的保护措施，而对未完成城镇化地区的传统村落的研究具有更迫切的研究需求。

1.2　郏县朱洼村和张店村

基于以上考虑，本书研究的案例选择在河南省郏县。郏县位于河南省中部偏西、伏牛山北部余脉向豫东平原过渡地带，隶属平顶山市管辖。郏县历史悠久，春秋时属楚名郏邑。郏邑原是郏敖的封地，又是郏敖的埋葬地，因此以“郏”为名。汉代置郏县，郏县文物古迹众多，宋代著名文学家苏轼、苏辙、苏洵葬于郏县，现“三苏坟”“郏县文庙”等文物古迹均为省级重点文物保护单位。郏县农业较为发达，1955 年，毛泽东同志曾为郏县大李庄乡（今广阔天地乡）做出批示：“农村是一个广阔的天地，在那里是可以大有作为的。”主要农作物有小麦、玉米、红薯、花生，大豆种植也有一定规模，经济作物以烤烟和蔬菜为主。郏县农村的传统村落固然不是中国全部农村的“典型”，但不失为许多中国农村所共同的“类型”或“模式”（图 1.1）。

作为历史悠久的中原地区农业县，郏县农村的城镇化程度不高，拥有丰富的传统村落资源，几乎每一个乡镇都有传统村落分布，本书研究的案例是位于郏县汝河南岸的两个传统村落。汝河南岸类似这样的村落有很多，用谷歌卫星地图查看会发现该区域许多村落都有曾经的寨墙、护寨河留下的痕迹。事实上，在离朱洼村临沣寨不到 20 公里的范围内，分布有 5 个第一批公布的国家级传统村落，分别是郏县堂街镇临沣寨（朱洼村）、郏县李口乡张店村、郏县渣园乡渣元村、郏县冢头镇西寨村、宝丰县杨庄镇马街村(图 1.2)。这些传统村落都为非旅游、非城市郊区型村落,目前都以农业为主导产业,受外界影响较少,能体现传统村落在自然发展状态下的一些特征,因而选择这样的传统村落作为调查研究对象具有一定的代表性和典型性。

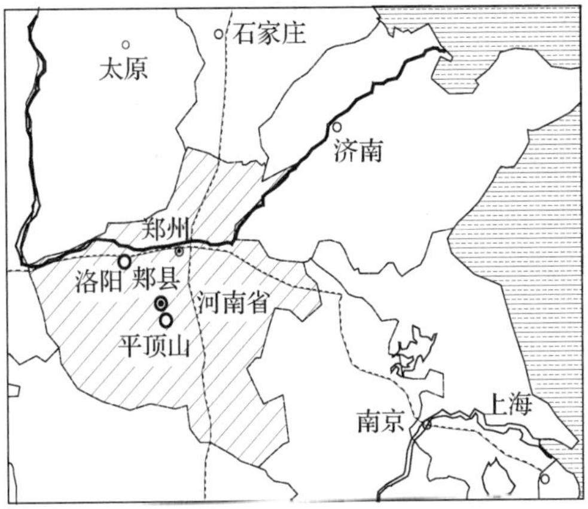

图 1.1　郏县的地理位置

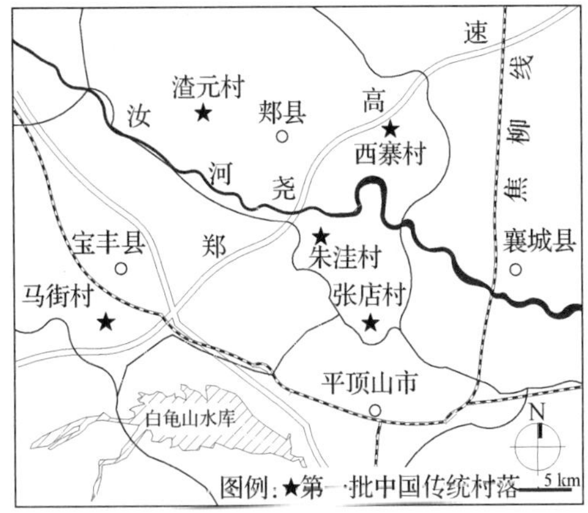

图 1.2　调查对象所在区域及周边的传统村落分布

朱洼村和张店村的建筑基础勒脚、墙体转角、门窗过梁等重点装饰部位多采用一种红石材料,临沣寨寨墙,汝河上的桥梁、引水渠等也采用了这种红石,甚至过去使用的喂马槽、石磙、碾盘也用红石制造。红石材料的使用成为当地建筑风格的重要特色,临沣寨还被称为"中原第一红石古寨"。这两个村落建筑上所特有的红石材料,表明其属于一个红石材料的建筑文化圈,因此具有可比性。据调查,这个红石文化圈分布在汝河南、北岸包括郏县、襄县、汝州等广大区域。所调查的院落布局呈现一种"窄院"的空间模式,是受到"晋商"文化的影响(鲁书甜等,2007),这种院落广泛存在于山西、河南、陕西的一些地区。因而在传统村落的空间研究上,所选案例具有一定范围的地域代表意义。

具体调查案例朱洼村和张店村虽然属于不同的乡镇,但相距不到 13 公里,又属于同一个县域管辖,方言相同,生产和生活方式相似。这两个村落仍保存有大量的传统民居,具有典型的中原传统文化特色。同时村里也有一些当代、现代的农村住宅,呈现出不同时代延续交融的历史断面,是河南地区广大传统村落历史发展的一个缩影。在当前城镇化的影响和冲击下,这些村落的传统文化和社会结构共同面临的危机也具有时代普遍意义。

进入 21 世纪,郏县该区域的传统村落发展进入了一个新的历史时期,一些区位较好的传统村落经济发展十分迅速(如张店村),而另一些传统村落却变化缓慢(如朱洼村)。传统村落在发展上出现了较大的分异,在空间演化模式上也表现出明显的差异,可见传统村落的演化模式是多样的。

为了体现在不同发展时期和不同发展战略下的传统村落生存与发展状态，本书选择该地区两种不同发展类型的村落——朱洼村和张店村作为比较研究对象，便于横向比较，从而发现相似历史文化背景和地域外部环境条件下，决定村落空间形态的发展的一些本质因素。

1.2.1 朱洼村

堂街镇朱洼村位于郏县县城东南13公里处，又称南朱洼村(因本县汝河北岸安良镇内另有一个朱洼村，称北朱洼)，该村北临汝河，南有杨柳河，西有石河，周边与该镇的石桥店村、关庄村、新李楼村、姚庄回族乡的姚庄村、小寨村毗邻。郏县至平顶山公路从北面穿过，石桥至姚庄(三郎庙)的旅游公路经过本村东部(图1.3)。

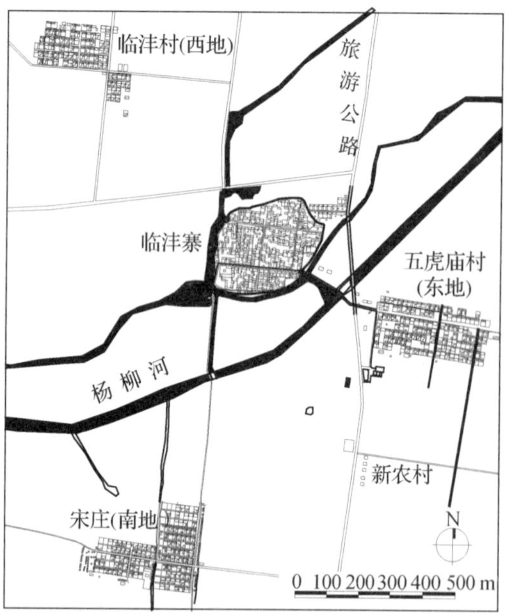

图1.3 朱洼村总平面图

朱洼村属于黄淮地区平原地带，地势低洼(是郏县最低的地方)，朱洼村经济以农业为主，其他产业不发达。朱洼村种植的小麦、玉米、烟叶是其重要经济作物，花生、辣椒也有种植。2010年村民平均年收入4 000元左右，经济上在该县属于不富裕地区。村里还有低保户83人，五保户60人，部分村民的生活十分困难。近年来村里成立了农业合作社，购有小型农机具，正在朝集约化农业生产的方向发展。

朱洼村历史悠久，最早可追溯到南北朝时期的“水田村”。

明朝初年，寨内张姓人家靠编织芦苇席为生，并通过陆运和汝河水运将芦苇和其他芦苇编制品运出贩卖。明朝万历年间（1573 年始），山西洪洞县朱姓人家移民至村内，使人口增多。清道光年间，朱氏家族的朱怀宗及其子朱紫贵、朱振南、朱紫峰三兄弟靠盐业贸易发迹。清同治年间，为防匪患，朱家扒掉原有土寨，用红石建寨墙，始名“临沣寨”。

村落历经数次战乱，1957 年还遭遇水患，幸有红石寨墙的保护，村落才幸免于难。也正因为如此，红石寨墙才得以保全。1970 年代开始，村内一部分居民往东迁至杨柳河东岸的原五虎庙遗址旁，形成五虎庙村，村里俗称“东地”。一部分居民往南迁至杨柳河南岸，该处原有一个大坑居住着宋姓人家，称为“宋坑”，朱洼村民迁来后，与原宋坑居民隔沟而居形成现在的宋庄，俗称“南地”。1979 年，又有一部分村民迁往村西北方向，发展成为现在的临沣村，村里人称为“西地”。1975 年，开始修建村东石桥到姚庄的公路，使之成为入村的主要道路，后改名为旅游公路。

可见，朱洼村由三个部分组成：① 原有寨墙内的古村寨，名临沣寨；② 沿着三个寨墙门，往三个方向后发展的三个衍生的村落——五虎庙村（东地）、宋庄村（南地）和临沣村（西地）；③ 在公路边建设的新农村建设区。

1.2.2 张店村

郏县李口乡张店村，位于平顶山市北 7.5 公里处马鞍山北麓，距郏县城东南 25 公里，东临紫云山，和襄县接壤，西临大龙山、火柱山，和宝丰县交界，北面是汝河。村庄的东面、北面有平郏公路通过，交通便利（图 1.4）。张姓占总人口的 80%以上，村民人年均收入 4 500 元左右。张店村原产名烟“山儿西烟”，现在种植面积减少，街道上商业设施有小卖部、餐饮店、婚纱摄影、棺材店、诊所等，有配电房、水泵房灌溉用水泵。2008 年，建了自来水系统，有小学、村办企业，还有煤厂、砖厂等。

张店村历史悠久。汉代属城父，春秋前期为郑邑，战国时期归韩，秦灭韩置颍川郡，唐以后归宝丰县，元朝时期，张店村原址处为“沈圪垱”村。明朝初年，并入郏县，原“沈圪垱”“司马村”两个村庄合并。明洪武二年，张氏家族从山西洪洞县迁郏，在郏叶大道开设店铺称“张大店”。清同治六年（1867 年），因匪患用红石筑寨，名“永兴寨”（郏县县志办公室，1996）。

1955 年，张店村拆毁所有寨墙，仅余数个寨门。1957 年，土山水库发洪水，冲毁村庄很多房子，仅余南寨门。1963 年、1964 年，张店村分为张北、张南两个村。1980 年代，又分为张西、张东、张南 3 个自然村。2008 年，被评为第四批中国历史文化名村。

张店村基本由三个部分组成：原有毁损寨墙内的中心村部分；寨墙毁损后，沿寨墙后发展发散

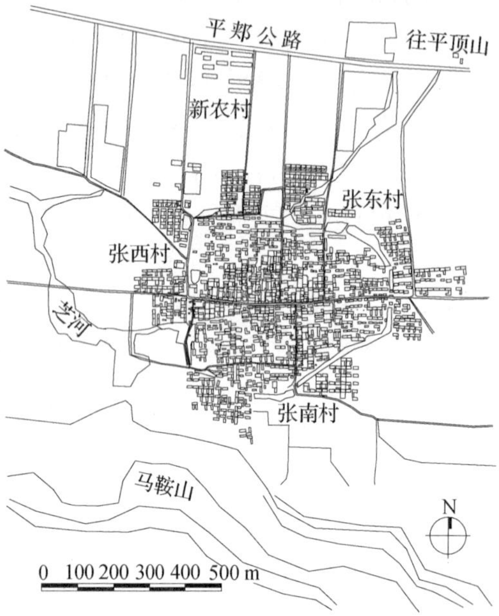

图 1.4 张店村总平面图

衍生的村落部分,按方位分别属于张西、张东、张南 3 个自然村的一部分;正在北边平郑公路边新建的新农村建设部分。

选择调查的时间和时机。本书的首次调查选择在冬季春节之后的农闲时期,以便于观察此阶段的农民生活和一些习俗;再次选择在当年九月农忙时,正是当地烤烟季,便于观察农民的生产相关活动。通过在不同的季节进行的 3 次调研,调查了不同季候下村民的不同行为方式,方法以问卷法、访谈法和测绘法为主,并配合适当的观察记录。2 个村共发放问卷 90 份,回收问卷 68 份,其中有效问卷 61 份。获得了共 30 户村民的居住空间和行为状况信息。

研究在个案访谈的基础上对访谈记录中的"信息码"进行编码和分类整理。编码过程具体如下:① 类别编码:访谈对象包括朱洼村的村民和张店村的村民。所以用 A、B 作为分类编码,A 表示朱洼村,B 表示张店村。F 表示访谈对象,AF 表示朱洼村的村民访谈对象,BF 代表张店村的村民访谈对象。② 院落个案编码:以个案的英文名开头字母 A 与个案的序列数组合,如朱洼村的第一个院落个案为 A1,张店村的第一个院落个案为 B1。

1.3　传统村落整体空间及历史发展的共性

1.3.1　相同的村落整体空间构成

传统村落是在持续变化着的，且有其自身生命的历史。“他们的发展历程，与其所处区域的历史文化一起，都已被深深地镌刻在其外貌和建成区的肌理上”①，一个时代在村落的土地利用、街道、地块和建筑的格局上刻下自己的烙印，接下来的时代会将其取而代之，因而，村落形态成为村落发展历程的累积性记录，这正是传统村落区别于其他较新的普通村落最大的不同之处。

与其他发展较新的普通村落组织结构不同，朱洼村和张店村的整体组织结构特点在于明显由中心古村落部分、当代新建部分和正在建设的新农村部分三部分组成。这种划分不仅因为从建设时序上、外观形态上，这三个部分很容易区分，更在于这三个部分的道路结构和肌理迥然不同。例如中心古村落部分当然也可能有当代建设的新式房子，但其院落组合方式和道路结构大部分仍然沿用了古村落的形式，与当代新建设的村落不同。同样，有些新村落部分虽然与中心古村落部分交接相融合，但其结构肌理却使之与中心古村落明显区别开来。村落的三个部分的不同意味着传统村落的整体与局部的关系具有自身的特点，整体不能代表局部，局部之间虽然有联系但却呈现出不同的特点，村落的整体空间呈现出一种“拼贴”的图景。

这种空间体系目前并没有形成明显的空间层级关系，因为就朱洼村和张店村的情况来看，村落的三个部分虽然存在规模和建设时间上的差异，但并不能说当代发展的衍生部分和新农村建设部分从属于原有古村落部分。在每一个部分内部，也没有明显的层级划分，没有出现徽州传统村落那样的以宗祠为中心、家祠为分中心的多个空间层级(段进，2009)。相反，朱洼村和张店村虽然也是单姓家族性村落，但只有一个宗祠，空间层级显得相对简单。

1.3.2　相似的村落历史

朱洼村和张店村都经历了几百年的漫长发展期，但是归纳起来，村落形态的剧烈变化却可以归纳为以下几个阶段：前村落时期、明清移民兴村时期、建寨后由盛而衰时期、解放后村落扩张阶段和 2010 年以来的新农村建设这五个阶段(表 1.1)。

---

① 康泽恩. 城镇平面格局分析：诺森伯兰郡安尼克案例研究[M]. 北京：中国建筑工业出版社，2011：5.

表 1.1　朱洼村和张店村演化历史阶段

村别	前村落时期	移民兴村时期	建寨后的由盛而衰期	村落扩张期	新农村建设时期
时期	明代以前 (1368 年前)	明初至清顺治时期 (1368—1644)	清顺治至解放初期 (1645—1947)	解放初期至新农村建设(1948—2008)	新农村建设开始 (2008—)
朱洼村	选址低洼近水处	大户移民时间晚，以小手艺发家	建寨规模小	寨墙保留，分散式发展	老寨博物馆式保护，新农村将成为新中心
张店村	选址靠山丘陵处	大户移民时间早，以做官经商发家	建寨规模稍大	寨墙已毁，集中式发展	老寨一般性保护，新农村的发展将成为重要的一部分

前村落阶段：两村都具有悠久的历史，在村落的最初阶段，自然条件对村落有显著的影响，这从两村以自然特征为命名方式就可以看出。朱洼可追溯至南北朝时期的“水田村”，张店在元朝之前叫“沈圪垱”，附近还有一个小村司马庄。相比而言，两村的选址和自然条件有所不同，朱洼选在低洼近河流之地，而张店原本就靠山，属地势起伏之地。自然条件的不同，无疑会对村落的后续发展产生潜在的影响。

第二个阶段，由于宋代后期至元代中原地区战乱频繁，人口剧减，明朝初年政府采取以移民垦荒为中心的振兴农业政策，这些移民来自太原府、平阳府和潞、泽、辽、沁、汾五洲(即以今太原、平阳、临汾、晋城、长治为移民的集散中心，被迁往河南、河北、山东等地)，当地以洪武朝迁来的最多，其次为永乐朝。

在此历史背景下，山西的移民对村落产生巨大的影响，使原有村落的社会经济格局发生改变。张店村张姓始祖明洪武二年(1369 年)迁来，开始以经商为业，隆庆年间(1567—1572)张氏后裔张乐舜成为九门提督，后来明清两朝陆续有张氏子弟在京做官，张姓因而较为发达。朱洼村原来是张姓较为煊赫，但朱姓祖先从山西迁来后以织竹篾为业，发达成为村里的富户。可见作为外来移民的朱姓、张姓移民经过努力，分别占据了村落的主导位置。但两村之间却略有差别，张店始祖较朱洼朱姓始祖早大约 200 年，张姓以在朝中做官而族兴，而且合并了周边的小村司马庄，规模和经济总量应该比朱洼村略大。

第三阶段，清代顺治年间至解放初期，由于受到捻军的惊扰，两村几乎同时建立起寨墙，采用同样的材料和施工方法，但张店村的寨门有 5 个，朱洼村只有 3 个，张店寨内的面积几乎是朱洼的 3 倍，显然张店的规模大于朱洼，其对外交流联系的程度也要大于朱洼(表 1.2)。同时两村的产业也出现不同，朱洼村经营垄断盐业短期积累了大量财富，而张店村则以商业贸易为主。这一时期随着寨墙建立作为标志，两村均进入成熟期。直至民国时期，朱洼村的盐业垄断不再，张店村由于交通条件的变化不再作为商业要道，两村均陷入衰落，经济上都以农业为主。同时随着英美烟草公司在邻近的襄县收购烟叶，该地区开始种植烟叶，两村均以烟叶为主导产业，张店与朱洼一度成为该县较为贫穷的地区。由此可以看出，两村在成熟期虽然存在规模上的差异，但却同样经历了经济上由盛而衰的过程。

表 1.2　朱洼村和张店村原有老寨寨墙情况表

寨名	寨门数量(个)	寨墙材料	寨内面积(万 m^2)	寨墙周长(m)	寨墙高度(m)
临沣寨(朱洼村)	3	红石	7	1 052	7
永兴寨(张店村)	5	红石	21	1 767	9.2

第四阶段，解放初期至新农村建设期，郏县于 1948 年解放。张店村的寨墙毁于 1947 年，而朱洼的寨墙由于偶然原因保存下来了；张店村经历水患后原有房屋倒塌很多，而朱洼村却侥幸保存下来大批古建筑的原貌。1970 年代后随着人口的发展，两村的面积都面临扩张，这时，张店选择了原地集中扩张的方式，而朱洼却选择了分散新建的方式，这也许与寨墙的保存有关，但却成为两村目前重要的区别。进入 2000 年之后，临沣寨首先作为文物被博物馆式保护起来，而由于周边矿业的发展经济较为发达，张店村的文化保护更多的是自然保护。这一阶段两村的整体形态发生重大变化，两村的总体布局形态区别加大，经济差距也拉大了。

第五阶段，2008 年以来两村都在老寨外建设了新农村区域，区域内的住宅模式基本相同，但是这一区域与老村的关系却有所不同，这将更加巨大地影响着两村的未来发展。

由以上分析可知，朱洼村和张店村两村早期的发展历程十分相似，共同经历了移民兴村、建寨、由盛而衰的过程。特别是近代以来从清末到民国时期再到 1970 年代，都曾经以烟叶为主导产业，当地都经历了兵灾水患，经济都曾十分凋敝，又处于同一政策区域，两村具有基本相同的地域文化、政策、历史经历和村寨形态，但解放后土改以来却逐渐出现了显著的差异。

1.3.3　相似的村落空间演化方式

1）村落原有核心的偏移与维持

当地传统村落原有核心的标志往往是村落最重要的宗祠和戏台，如张店村原有的村落核心在宗祠和戏台附近，从总平面上看大致在张店村的几何中心，其周边分布着众多传统公共建筑；朱洼村原有的宗祠并非位于村庄的几何中心，而是处于略偏西的位置，其周边也布置了村落最重要的一些建筑而成为当时的村落核心。

朱洼村原有通往郏县的官道位于寨墙西侧外，因而沿寨墙西侧布置有两个寨门，寨内的关帝庙和祠堂位于西侧寨墙内。随着外围交通状况的改变，现在与外界联系的交通要道是寨东外的旅游公路，原有寨西的官道消失了，因而新村的村委会、卫生所、幼儿园等公共建筑布置在新公路侧，连五虎庙的香火也比西边的关帝庙要胜，原有祠堂变为小学，新的中心公共空间位于东寨门附近。显然村落的核心由西向东偏移了，而且还有继续向东、南新农村区域偏移的倾向(图 1.5)。

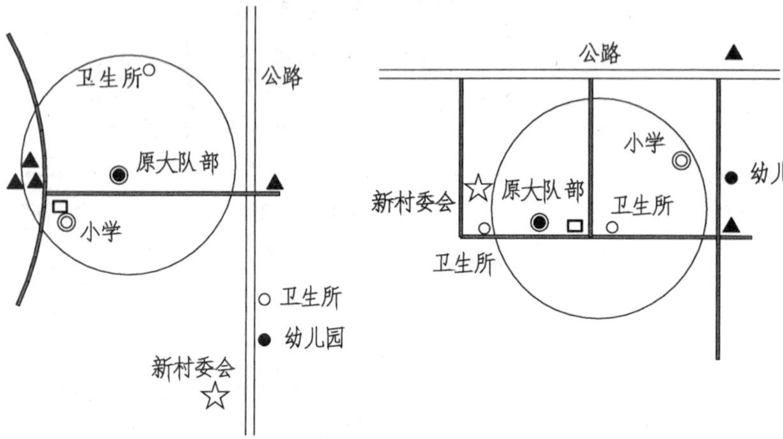

图 1.5 新兴公共建筑的分布向老村寨外发展的趋势

对于张店村，原有老寨内的东西大街是从襄县到南阳的官道，村落曾经因此兴盛，祠堂、牌坊等均沿此街布置。现在主要的对外交通道路是位于村北的从平顶山到郏县的平郏公路，目前村内有东西大街上数条支路向北连通平郏公路，而且新建的新农村区域也靠近平郏公路。原有的村落的东西大街虽然失去了交通的重要性，但由于有与平郏大道的联系，所以目前有很多商业类型的公共建筑，仍然维持了村落的核心地位，但是张店村新的村委会和村民广场已经移往村西北的入口，村落核心未来有向西北新农村区域发展的趋势。

2）村落原有边缘的消融与固结

寨墙曾经是朱洼村老寨和张店村老寨的边缘界线。清朝同治年间，朱洼村和张店村为了防止匪患，都利用当地红石材料筑有寨墙，寨墙之外有寨河，寨墙划定了村落居住领域的边界，村寨边缘界面清晰，边缘之外即自然田野。20 世纪中叶以来这种村落边缘发生了分化：张店村原有城墙拆毁后，村落周边局部仍然遗留下寨墙的遗迹和寨河的水塘，形成不完整的边缘地带，之后在边缘地带外围又发展出许多部分，原有明晰的村落边缘逐渐消融，聚集成集中型的大村落。而朱洼村的寨墙由于各种原因被保存下来，现在的朱洼村临沣寨仍然具有清晰的寨墙围合的边缘界线，在界线之外还有护寨河及其周边的低洼地。村落的扩张只能越过这道固结线，间隔一段距离重新发展，形成一种分散化的模式。

随着村落的发展，寨墙作为原有村落的边缘不管存在与否都已失去往日的边界含义，但是老寨的原有边缘如寨墙、寨河等成为村落发展的固结线，限制或者改变了村落发展和扩张的模式。

如朱洼的寨墙一定程度上限制了新村的连续发展，使得后发展的新村部分脱离寨墙一定距离发展。老村落的边缘也会给村落留下永远的痕迹，即使有些实体的痕迹消失，仍然会在道路交通上、景观上施以永远的影响。如张店村的寨墙虽然已毁，但原寨墙的河流仍然保留成为若干水塘，成为老寨与新村部分的天然隔离带，并且将来有沿着这个隔离带逐渐发展成环村道路的趋势。

3）村落街道格局的维持与空间形态的改变

朱洼村和张店村的老寨部分都采用东西大街和南北支路的格局，随着历史发展，村落的道路骨架格局没有大的改变，但老寨主要街道的道路标高都得到提高，原来石材的铺装材料变化为土路和水泥路，街道上重要的公共建筑如祠堂、街边围合的建筑也多有变化，但是由于街道的位置和空间大小基本没变，街边尚残存一些历史建筑，使得现存的街道仍然具有一些传统的气息。

例如张店村现在的东西大街基本沿袭了原有的格局，两侧建筑形象改变较大，特别是东西大街上小型店铺较多，商业种类多，主要包含日常生活、农药、化肥和物资收购等。如靠西寨门外有棺材店、照相馆、手机杂货店、馍店、超市、小饭店等，这些商店的分布并不均匀，总体说来西部较多、东部较少。特别是东部原有祠堂周边商业比较密集，形成一个村落商业中心。空间使用方式上，许多商业门面在门口支出一个简易棚子，摆放一些货品，街道上还有流动卖菜的三轮车。由于靠平顶山市较近，也有运送家电的车到村里，道路一侧经常有汽车停放，但道路宽度仅容两辆小汽车通过，也没有掉头回车的空间。另外街道两侧院落的污水朝街道排放，有时形成污水滩。

此外，老村落的道路出口决定了新村落部分的道路连接位置，对新村落的布局有影响。作为分离出来的散村，如朱洼村，新村落的道路基本保持从老村出发的方向。在原有老村上集约发展的村落，老村道路格局对村落的影响更大，如张店的新村落部分基本延续了原有老寨的道路。新村落内部的道路与老寨相比发生了根本性改变，几乎都由直线的道路构成，道路两侧的空间和界面缺少变化，所有的院落都直接向支路开门，如朱洼的五虎庙村，其内部主要的南北向道路长360米，但是仅在街口有一个店铺，而且道路南侧的住宅全部采用坐北朝南的形式，对道路不设开口，因此道路的空间形态十分封闭单调，这种道路空间形态与老村落部分差异很大。

4）传统村落渐进式的演化方式

传统村落不同时期三种部分的存在意味着传统村落以一种渐进式的方式演化：村落原有的核心有的偏移，有的维持不变；寨墙作为原有村落的边缘尽管失去意义，但是老寨的原有边缘如寨墙、寨河等成为村落发展的固结线，一定程度上限制或者改变了村落发展和扩张的模式。朱洼村和张店村的老寨部分都采用东西大街和南北支路的格局，随着历史发展，村落的道路骨架格局没有改变，虽然主要街道的道路标高、铺装材料、围合界面都有所变化，但街道的位置和空间大小却基本没变，传统村落这种新、旧并存渐进式的演化方式使得传统村落必然具有一定的历史文化价值。

第 2 章　居住院落的空间模式

传统村落中合院作为一种居住形式广泛存在，但各种合院的构成和形态却大有不同。从合院的发生机制来看，王鲁民等（2005）提出中国古代建筑特别是传统住宅长期地坚持使用合院构成，与古代'中霤"的祭祀和以"五行"为基本元素的宇宙秩序的建构有着明确的关系。但张玉坤等（2004）认为中国传统四合院的布局最初不是按照社会伦理观念设计的，而是从原始氏族公社先民的居住建筑中继承发展而来的。

2.1　"屋"是组成院落的基本元素

传统村落居住院落常由多个单体建筑"屋"构成，"屋"是组成"院"的次一级空间单位，是一栋独立的单体建筑，包含若干"间"。"屋"具有明显的方位等级性，通常构成院落的各屋以堂屋最为重要。

2.1.1　堂屋

堂屋通常是院落中地位最高的一栋独立的建筑，对于坐北朝南的院落而言，堂屋常常面南背北位于整个院落的最北端，大门和开窗朝向南方，因而也有的称"北屋"，常常采用最高级的材料建造，具有整个院落建筑中最大的体量。案例调查显示，所选 30 个案例中，堂屋面宽的平均值是 11.68 米左右，进深是 5.94 米左右，每个开间面宽平均值是 3.3 米，平均建筑面积是 82.64 平方米。堂屋屋檐高度一般在 3.6 米左右，堂屋一般是院落所有建筑中最高的。

按堂房的开间，堂屋平面形式可以分为两开间、三开间、四开间（明三暗四）、五开间房等，大多数堂屋为三开间。堂屋平面上多采用"两间房""三间两所""一头沉""出墙沿""楼房式"等形式（表 2.1）。

"两间房"平面形式较少见，有的堂屋实际上作为一个"过屋"时才采用这种形式，如案例 A3 家庭并没有常规院落形式，只是在堂屋后又搭建了一排住房，此时堂屋也有过屋的功用。

表 2.1 堂屋平面类型

平面类型	两间房	三间两所	一头沉	出墙沿	楼房式
平面布局	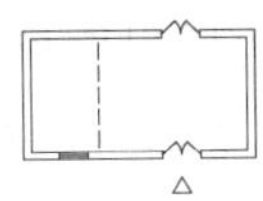	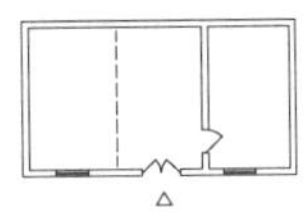	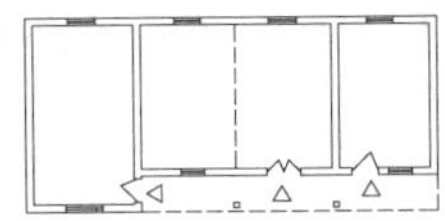	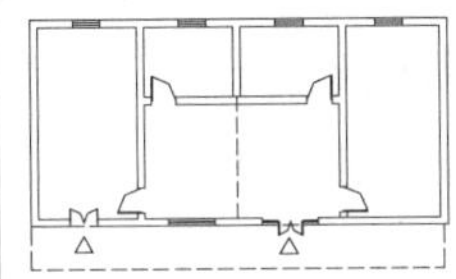	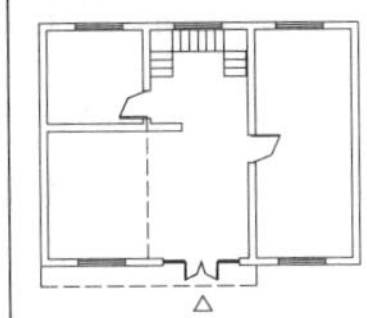
平面特征	通常两开间，立面不对称，有时作为过屋	通常三开间中轴对称，用一道墙分隔成两个部分间，即三间两所	平面三或四开间，横向分隔成三个部分，其中一个端头突出墙面，打破了立面的平衡	平面三或四开间，前墙面平齐，屋顶前檐整体挑出成一排雨棚，形成前檐灰空间，房间具有多个出入口	底层平面外墙平齐，二层平面挑出一个或两个开间的阳台
案例	A3	A4	B13	B4	A13

“三间两所” 堂屋平面形式以三开间为主，用一堵墙把三个开间分隔成两个空间，或另一侧用布帘等进行柔性分隔，称为“三间两所”。调查发现，当地普通居住院落堂屋很少采用“一明二暗”“一堂二内”等其他地区较常见的形式，而大多采用了“三间两所”形式，这种住宅一般建成年代较早，这样处理，一方面可以省去一道墙，另一方面也说明对私密性要求不高，或对空间分隔的数量要求不多。

“一头沉”的平面布局是指其中一个端头房间进深加大，突出于其他的墙面，有时具有独立的出入口，这样实质上增加了这个房间的独立性和区别性。采用这种形式的家庭，往往与家庭结构的私密性要求有关，并在堂屋前形成一个半公共的廊空间打破了立面平衡。本地一头沉的平面有时在另一端头布置有通往屋顶的楼梯，这样就妨碍了“两头沉”形式的出现，故本次调查中几乎很少见到其他地区常见的“两头沉”形式。

“出墙沿”的平面布局常常是在“一头沉”的基础上，整体加大了其他房间的进深，使前墙平齐，而且使屋顶前檐挑出，形成一个前檐灰空间。这种布局形式使各房间也具有多个独立的出入口可能性，但仍然统一在前檐灰空间控制之下。由此可见顶部遮挡的空间与出入口有关，增加了顶部遮挡的灰空间，暗示了出入口的多种可能，实际上增加了单个房间的独立性而削弱了原有堂屋的整体性。

“楼房式”是近年新盖的两层楼的普遍平面形式，许多是在原有“出墙沿”平面基础上发展而来，利用中开间后部分的空间作为楼梯间，在其基础之上增加二层空间，但往往只在前墙挑出一部分开间的阳台。

堂屋的立面形式与材料：坐北朝南的堂屋一般在南墙上开门窗，北墙和东西山墙不开窗，所以面向南面庭院的南立面最为讲究。传统堂屋屋顶多为类似坡顶造型，但不同经济条件的家庭堂屋所采用材料不同,立面处理主要依靠材料的搭配取得丰富效果,形成堂屋造型的差异(表 2.2)。

不同等级的堂屋所用墙体材料不同,原有官宦人家常采用青灰砖墙体红石基础,富裕人家的堂屋常采用上部为土坯砖下部为砖的做法,俗称“砖下碱”;普通家庭前墙用土,门框边部分用砖,俗称“土包砖”;贫困家庭墙体全用土墙。当地建筑有时候不同的面用不同材料的墙体组合,出于承重的需要山墙多用砖,檐墙用土墙。如所调查 A2 案例的堂屋山墙均为厚度 520 mm 的承重山墙,前后檐墙为土墙,但有的出于展示财富的需要,由于砖的材料价值比土墙高,因而一些堂屋临街面、正面大门边局部用砖墙,而承重的山墙反而采用土墙。

表 2.2 传统堂屋外观的等级差别

堂屋外观类别		高级	中等	普通	简易
材料构造	屋顶材料	青瓦	青瓦	机瓦	机瓦
	墙体材料	青砖红石础	上土下砖(砖下碱)	土包砖(砖框门边)	土坯墙
	山墙边	砖土墀头	砖墀头	砖平	无
	门(窗)楣	红石	木	木	木
	门窗	木格栅	木格栅(外纱窗)	木格栅(内纸)	无
	台阶	5 级	3 级	1 级	无
	其他	墙面红石丁石	墙面红石丁石	无	无
外观	照片				
实例		A12(属原朱镇府)	A2(属原朱家)	A4(原教师住宅)	B1(原贫农)
家庭类别		官宦之家	富裕家庭	普通家庭	贫穷家庭

2.1.2 东、西(厢)房

坐北朝南的院落东、西(厢)房是东、西向独立的房屋,调查发现很少有一个院落同时具有东、西厢房,大多数仅有两者之一,而东厢房即东屋更为常见,往往高度只有一层,地位低于堂屋(图 2.1)。

东屋设置较为灵活,依院落形状而定,通常一到两开间(如果是长院也有的设三开间),东屋的高度较正房低,有坡顶和平顶两种,大多数东屋是后期改建的,由于建造年代不同,墙体的材料一

图 2.1　各类东屋的形态

般与同一院落的堂屋不相同。东屋面宽随院落进深不同变化较大，但进深却变化不大，大多数案例在 3 米和 4 米之间。

东屋按平面主要可分为单开间和多开间两大类。单开间的东屋多为近期建造，或者拆掉原有东屋只留一间，面积尺度不太大，在东屋北侧常常附设一个通往屋顶的室外楼梯，楼梯下部有时也连通一起利用。有的东屋与门厅连为一体，实际上成为两个开间。多开间的东屋多是以前遗留下来的，这种东屋内部各间有单独出入口，便于分隔成住人和灶火房等不同功能的空间。

虽然大多数院落都有西屋（棚），但西屋其实不太正式，往往只是一个棚。大多数西屋平面尺寸很小，有的尺寸只能容纳一个人在内活动，高度也十分低矮，调查案例中最高的只有 2.2 米，有的只有 1.6 米高。从构造材料上看，西屋也十分简易，有的屋顶用树枝、木架，或者用石棉瓦、平瓦等搭成，墙体用土坯或者旧砖，没有门窗，或者只有门框，而且周边往往堆有废砖、水缸等杂物。调查发现，原来大户人家的标准合院的西厢房与通常的西屋有很大不同，西厢房体量较大，高度较高，建材标准也高。过去常常住人，现在的西屋也许来源于西厢屋，但已经发生了很大变化（图 2.2）。

图 2.2　各类西屋的形态

2.1.3　倒座

坐北朝南的院落如果南面临街，通常会设置倒座，有的倒座会分出一间作为院落进出的门楼。这类门楼宽度常常大于 2.5 米，高度较高，有的可以隔为夹层放农具。位于院中间的门楼俗称“羊角门楼”，宽度不能窄过 3 尺 3①。俗话说：“大门三尺三，能进轿能出棺。”

---

① 1 尺≈33.33 厘米。

调查发现,普通倒座的面宽与进深都比堂屋小,高度略低,但所用材料有时与堂屋一致,有时差些,甚至比东屋材料差,如有的倒座房用简易石棉瓦作为屋顶,过去倒座的一至二间常常作为牲口房,有的作为柴房等杂用,现在临街的倒座房常作为门面房。

2.2 "屋"组合成院落的规律

"院落"是村落居住的基本空间单位,正如李允鉌所说:"院这种性质的空间为所有人所必需,院的重要性必须和房屋的重要性完全相等,否则分散分布的单座建筑就无法构成一个完整的有机的整体了。"①

2.2.1 院落空间元素的构成方式

理论上,组成院落的堂房、东(西)厢房、倒座和院子可以相互组合形成八种不同的院落空间构成方式(表 2.3)。

表 2.3 院落空间元素构成方式

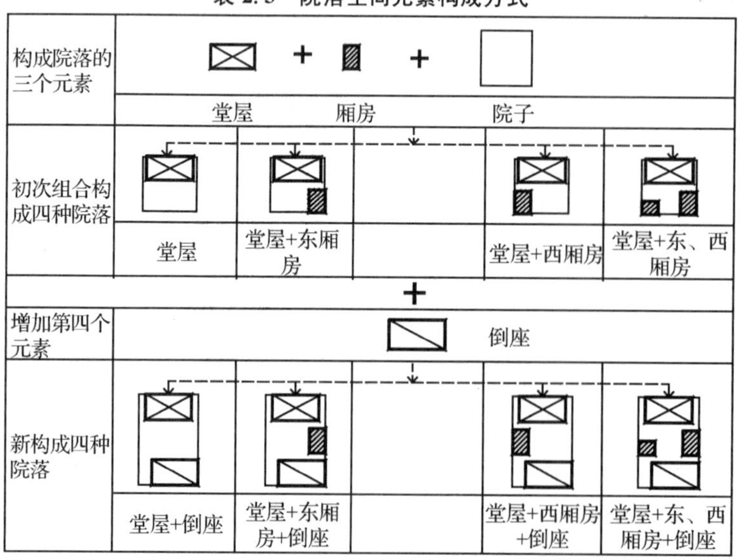

① 李允鉌.华夏意匠——中国古典建筑设计原理分析[M].天津:天津大学出版社,2005:141.

上表中“堂屋”型是最简单的组合方式，仅由单栋堂屋和各种方式界定的院子组成院落，这种院落形态的发展潜力最大，现实中往往是由于家庭的某种原因，暂时只盖主房，等条件成熟后再加盖，演变成别的类型。

“堂屋＋东厢房”型，由堂屋和东厢房组合的院落最为常见，东厢房往往作为灶火房。

“堂屋＋西厢房”型，由堂屋和西厢房（西屋）组合而成的院落，常常是由于地形的原因，如院落位于道路东侧，厢房往往沿道路布置在院落西部。

“堂屋＋东、西厢房”型，是由堂屋和东厢房、西厢房组合而成的院落形式，这种院落组合中一部分是历史上遗留下来的传统合院，其东、西厢房体量大致相同，位置对称，一部分新建的都是东屋体量较大、用材好，西屋体量较小、用材差，仅作为附房使用，院落总体位置也不对称，从空间形态上看与传统合院有一定区别。

除以上四种基本组合方式外，有的住宅还有倒座与以上四种类型进行第二次组合，又形成四种新的类型：“堂屋＋倒座”“堂屋＋东厢房＋倒座”“堂屋＋西厢房＋倒座”“堂屋＋东、西厢房＋倒座”。

2.2.2　院落空间构成的特点

从以上院落构成的八种方式看，大致可以分成堂屋无厢房式、堂屋加单侧厢房式、堂屋加双侧厢房式等三大类。实际上从对两村院落 30 个实际调查案例的分析中可以看出，堂屋无厢房式有 6 例，这些院落大多数由旧院落分化而成，具有不完整性，在村落中占少数，如 B2。堂屋加单侧厢房式最多，有 22 例，这些院落占大多数。而堂屋加双侧厢房的仅占 2 例，而且两侧厢房的体量也有较大差异，东侧厢房比西侧厢房大很多，如 A14（表 2.4）。

由此可见，大多数居住院落的内部构成采用了堂屋加单侧厢房式，少数采用了堂屋无厢房式，极少数即使采用双侧厢房式，两侧厢房体量上也并不对称。这种院落内部构成明显不同于以堂屋中轴为左右对称的传统三（四）合院，而是呈现出一种非对称的形态：堂屋，东、西厢房，倒座的组合往往在一个院落之中并不完整，大多数的院落都是一部分房屋的组合，这种院落由于形不成完整的四合院，或者说只有四合院的其中一部分，当地称作“不成院”“半截院”或者“半拉子院”（表 2.5）。

表 2.4　院落空间构成的类别

内部构成	无倒座		有倒座		总计
堂屋无厢房式	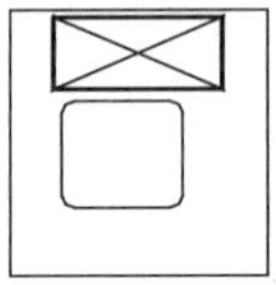		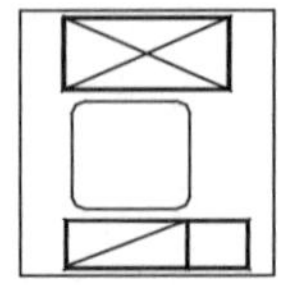		
数量	5		1		6
堂屋加单侧厢房式			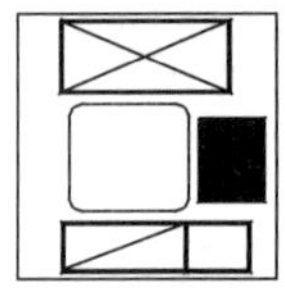	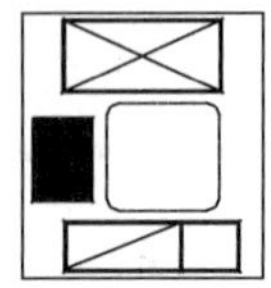	
数量	9(东厢)	2(西厢)	7(东厢)	4(西厢)	22
堂屋加双侧厢房式			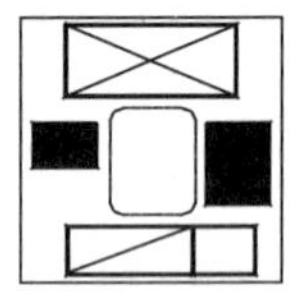		
数量	0		2		2
总计	16		14		30

表 2.5　朱洼村和张店村院落空间数据比较

村别	院落占地面积平均值(m^2)	总建筑面积平均值(m^2)	庭院面积平均值(m^2)	院落面宽平均值(m)	院落进深(m)	平均层数	平均容积率
朱洼村的院落	248.13	135.53	94.11	13.46	17.84	1.13	0.56
张店村的院落	251.76	135.84	97.26	14.8	17.58	1.13	0.56

2.3　院落尺度体现村落最初土地划分模式

2.3.1　院落空间尺寸与村落最初土地划分模式有关

由调查案例基本情况统计表可知,朱洼村和张店村院落的总建筑面积平均值大约都是 135 平方米，两村院落进深的平均值大约都是 17 米，两村的院落平均层数都是 1.13 层，两村的容积率都是 0.56。朱洼村和张店村院落中总建筑面积一样，这说明朱洼村和张店村院落单体形态平均尺度几乎相同，两村建筑层数基本都以一层为主，有少量 2 层以上的低层建筑，在村落总体上，容积率的相同说明两村院落对土地利用的强度相似(表 2.5)。

在院落占地面积和院落面宽方面两村存在细微的差异，如张店村院落的平均占地面积 251.76 平方米，比朱洼村的平均面积大 3.63 平方米；相应张店村庭院平均面积 97.26 平方米，比朱洼村大 3.15 平方米；张店村的院落平均面宽 14.8 米，比朱洼多 1.34 米。分析可知，朱洼村和张店村院落的进深相似，但由于张店村院落的宽度比朱洼村略大，因而，张店村院落的占地面积和庭院面积比朱洼村村的略大①。

另一方面，虽然张店村院落面积比朱洼村略大，但两村的总建筑平均面积值却相差无几，这说明"屋"的建筑模式脱离于"院"，具有单独的形制尺度规格。在这一点上，朱洼村和张店村的单体建筑"屋"，由于具有同样的规则和尺度，具有高度相似性。

以上分析说明，虽然朱洼村和张店村由于历史上土地划分的原因，院落面宽具有细微差别，但院落进深一样，两村院落内的单体建筑也相似。总体而言，朱洼村和张店村的居住院落空间形态相近，内部单体建筑尺度相同，具有相似性。

2.3.2　院落空间形态体现气候地域特征

调查发现两村大多数院落的进深和面宽之比在 0.98 到 1.52 之间，院落的进深比面宽尺度略大。张店村的 B1 和 B5 是在原有村落空间肌理中插建的院落，用地受到周边院落的限制，比例狭长，进深面宽比达到 2.5，属纵型院落；而 B3 等因占用了相邻院落的部分用地，进深面宽比仅有 0.75，属横型院落(图 2.3)。

如图 2.4 所示，大多数院落中的建筑面积和院落面积比在 0.44 到 0.64 之间，院落之间插建的

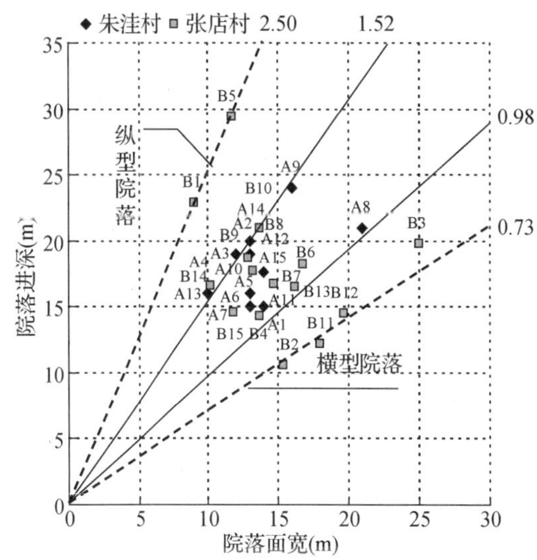

图 2.3　院落进深和面宽的关系

① 这与两村历史上土地划分的方式有很大关系。据谭立峰(2009)等人对北方村堡模数制的研究，村堡最初的修建常常以一进院落为单位作为购买单元，这种基本面积单位分为三分地(3 丈×6 丈，1 丈≈3.33 米)和五分地(5 丈×6 丈)两种模式。由于本次统计案例包含一部分现代建筑，张店村与朱洼村的院落平均尺寸统计值与上述研究的具体数值略有差异，但由于两村历史上土地划分模式不同，导致院落面宽出现差异，朱洼村大致符合三分地的模式，而张店村大致符合五分地的模式。

A3,B1 的建筑面积比较小,二层院落的 A7,A13,B15 的建筑面积比较大。两村院落进深和面宽比例较为狭长,建筑面积占院落面积的比例适中,空间形态关系上类似于晋南、豫西等地区“窄院”型的院落类型(韦峰,2009)。

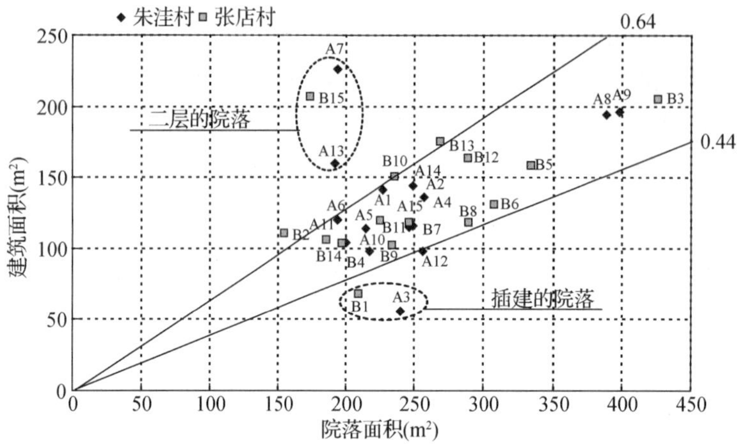

图 2.4　院落中的建筑面积和院落面积的关系

2.4　“半拉子院”,一种自然形成的空间模式

分析可知,当地院落虽然规模不同,形态各异,但其内在的空间关系却具有较强的规律性:

“院落”包含若干次级单位“屋”和庭院,次级单位“屋”是一栋独立的单体建筑,“屋”按照方位,居中最重要的是“堂屋”,其次是“东屋”,和其他传统合院不同的是:① 堂屋、东(西)厢房、倒座的组合往往在一个院落之中并不完整,绝大多数现实存在的院落都是其中一部分的组合。② 各屋之间的体量、形态、位置、材料、构造都存在很大的差异,使用上,其他传统合院的东(西)厢房往往可以住人,但半拉子院的东(西)厢房很少作为居住使用,完全打破了传统合院的中轴对称和平衡。

朱洼村和张店村的院落形态狭长,东边的厢房常常会遮挡北边堂屋的主立面,堂屋被厢房遮挡后仍然露出的一部分立面称为“露脸”(L1),厢房遮堂屋窗户一半的俗称“半捂眼”,堂屋窗户全被厢房挡住的,称“全捂眼”或“瞪眼瞎”。调查发现这种狭长的院落最窄的露脸仅露出堂屋大门边,宽的可以露出梢间的窗沿,但很少有露出整个堂屋立面的。其次,厢房的山墙通常与堂屋南窗保持一定距离(L2),称为“山不压窗”,也有的称作“风道”,以保证堂屋窗的采光和通风

(图 2.5)`。

因而由以上分析可知，当地院落存在一种固定的院落空间模式。一方面，由于家庭土地的延续，当地院落空间模式延续了该地区历史上的“窄院型”形态，院落空间狭长；另一方面，不同于传统合院具有的中轴对称，所调查院落的空间构成具有非对称性、非完整性。这种非完整的院落由于形不成完整的通常意义上的合院，或者说只有理想中合院的其中一部分，当地俗称作“不成院”“半截院”或者“半拉子院”。

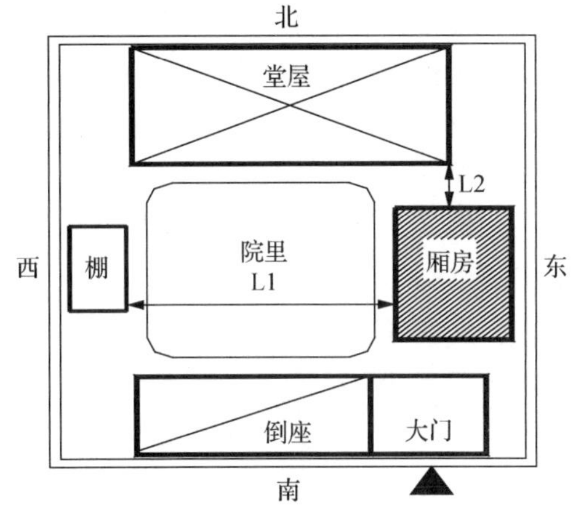

图 2.5　院落空间模式

当地方言中“半拉子院”有两重含义：其一是指建造时间上只进行了一部分，并没有完全终止，建设尚可以延续；其二指建造的空间内容并不完整，还可以继续修改完型形成理想的真正的合院形式。“半拉子院”空间模式体现了合院建筑体系在当代延续状态中的可适应性和可发展性，如同中国农村正处于一个巨大的转折期一样，当前村落居住状态正处于一个转折期，“半拉子院”这种居住模式也正适应了这一转折期的需要。

2.5　院落空间模式的演化

2.5.1　院落演化的历史阶段

传统村落居住院落的演化从建造时间上划分可以分为民国及以前(包含明清时期)的传统大户人家传统院落，土改之后到 1979 年的土坯房，1980 年到 1999 年的红砖房，2000 年以后建设的平房和楼房四个发展阶段。

1) 民国及以前建造的院落

所调查的朱洼村和张店村具有悠久的历史，有的院落建筑可以追溯到明代，仅朱洼村现存清代及以前的建筑就有 100 多栋，但能保存下来的这类住宅大多数为当年大户人家的院落群。

传统村落兴盛的开始往往都是若干大户人家主导的聚族而居，如朱洼村临沣寨的朱家、张店村的张家。这些家族的院落和附属建筑如车马院等占据了传统村落中心的大部分，这些院落一般以多进多跨院为主，房屋修建标准较高，用材用料做法讲究，布局严整，具有较高的文物和观赏价值。近年来，许多院落被划定为受保护文物，所以这类建筑的主体部分渐渐失去了其居住的功能。

如号称“汝河南岸第一府”的朱镇府，这座宅院的一进院在解放后长期作为村里的办公场所，近年来作为受保护文物经修复已无人居住，但是其周边如东侧的院落仍然在使用。又如张店村的西官宅，其边缘部分院落也有人居住。调查发现两个村落尚存大量原有大户人家的院落及周边的附属院落，至今仍保持着居住功能。但是由于土改时这些院落往往被划分给各家贫农，所以尚在使用的这部分宅院与原来的状况已有很大的不同，大多数的院落经过重新划分与组合，呈现一种解体解构的形态被延续使用。

这些院落当时大多数受晋商文化影响，具有窄院的形态特征，堂屋一般为三开间，当门儿具有传统的中轴线，使用传统的高条几、太师椅等，居住行为受传统宗族社会影响大。

2）土改到1979年建造的院落

土改之后一段时间内，当地还处于极贫穷的状态，再加上灾害连连，村民住宅建设的数量很少，而且多是土坯草顶，质量很差，居住拥挤，几代同室、人畜共处的情况相当普遍，这类房屋现存使用的较少。

1970年代开始，由于人口增加，农村建房的数量有少量增加，但院落的形式基本沿用以前的传统样式，只是局部出现一些改良。如有的堂屋平面出现明三暗四的形式，当门儿空间扩大，原有立面造型的部件得到简化，但大体上还沿用着一些农民自家烧制的传统的青砖青瓦等材料，由原有的当地匠师建造。所以这时期建造的院落尽管简陋，但充分地利用了当时成熟的构造工艺，朴实地应答了当地的气候条件。

这一时期的院落生产性空间较多。1970年代后期，堂屋出现了明三暗四的雏形，随着传统家族的解体，当门儿的行为既具有传统的一些因素，又面临着改变。

3）1980年到1999年建造的院落

1979年后，农村的发展进入了一个新的时期。据调查，1979年河南农村居民生活消费主要以食品为主，而住房支出仅占生活消费的7.8%。1985年，农村居民整体生活水平提高，食品支出有所下降，住房支出在生活消费中所占比重提高到13.5%①。

1980年代左右，随着人口增加，传统村落也向外扩张，朱洼村临沣寨向外新建了五虎庙村、宋庄村和临沣村，张店村也突破了寨墙向外发展，沿原有护寨河兴建了一批砖墙瓦顶的住宅。1985年前后新建成的住宅，材料以砖木为主，尺度较大，剖面形式与既往一致；1995年前后，现代材料和建造方法开始在农村流行，农宅的建设材料开始采用砖混和平屋顶。

电视机的出现，使村民休闲生活方式发生重大变化，当门儿形成了以电视机为中心的新的轴线。随着传统宗族文化、人际关系差序格局的解体，村民开始追求家庭中个人的生活体验，导致私

---

① 河南省统计局.河南六十年(1949—2009)[M].北京：中国统计出版社，2009.

密性要求发生变化，新的设施使用也使得村民与自然环境的关联减弱。

4) 2000 年以后建造的院落

从 2000 年开始，河南省的农村建房高速发展，根据《河南统计年鉴(2010)》中的数据，2009 年河南农民人均居住支出 876 元，是 2000 年的 4.25 倍；相应的，2000 年河南省农村人均住房面积为 23.1 平方米，2005 年河南省农村人均住房面积为 27.2 平方米，2009 年河南省农村人均住房面积为 33.5 平方米。从户均居住间数来说，2000 年河南省农村平均每户的居住间数为 2.75 间。到 2005 年，河南省农村平均每户的居住间数增加为 3.90 间。从每年新建住房面积来说，河南省从 2000 年每年人均 0.9 平方米增加到 2009 年的 2.2 平方米，在这新增加的住房面积中，钢筋混凝土结构的住房面积增加尤为明显。2000 年河南省平均每人年内新建购钢筋混凝土结构住房面积为 0.4 平方米，2009 年，增加到 1.6 平方米。楼房的面积也正在迅速地增加，从 2000 年的 0.3 平方米增加到 2009 年的 1.6 平方米(河南统计年鉴，2010)。

根据对朱洼村和张店村的调查，这一时期许多富裕家庭把原有院落的瓦房改成平房，开间扩大或者加高成二层，也有的家庭重修附房。在人均居住面积增加的同时，居住质量也明显改善，住房中有卫生设施、空调的户数比重均有所提高，许多家庭安装了电动水泵、太阳能热水器，拥有了农用机动车；同时，当门儿的行为更加偏重于休闲娱乐，院里的行为也由过去以水井为中心变成以新用水点为中心，堂屋变成二层，院落面宽增加，总建筑面积增加，更加注重对院落第一关院门的私密性控制(表 2.6)

表 2.6　院落演化的历史阶段

<table>
<tr><td colspan="2">演化阶段</td><td>民国及以前</td><td>土改至 1979 年</td><td>1980—1999 年</td><td>2000 年后</td></tr>
<tr><td colspan="2">外观状况</td><td>院落多中轴对称，堂屋采用青砖、红石小青瓦顶</td><td>院落多非中轴对称，堂屋采用土墙草顶或机制瓦顶，空间简陋</td><td>堂屋体量增大，采用红砖墙瓦顶或平顶</td><td>堂屋体量更大，采用红砖墙平顶，挤占了院落庭院的空间</td></tr>
<tr><td colspan="2">家具设施状况</td><td>高条儿，太师椅，水井</td><td>矮柜、木椅、缝纫机、水井</td><td>黑白电视机、木质沙发、手压式水井、木架子车</td><td>彩色电视机、成组沙发、电动水泵、太阳能热水器、农用机动车</td></tr>
<tr><td rowspan="2">行为状况</td><td>当门儿行为</td><td>宗族行为形成南北向中轴线</td><td>家庭行为减少，生产性行为较多，维持南北向中轴线</td><td>开始注重个人休闲及娱乐行为，看电视成为主要娱乐活动</td><td>个人休闲娱乐性行为多，形成看电视的东西向轴线</td></tr>
<tr><td>院里行为</td><td>家庭生活行为多，具有南北向中轴线</td><td>以水井为中心形成活动圈，养殖种植等生产性活动多，依赖于自然资源</td><td>以水井为中心形成活动圈，生产性活动较多，与自然环境联系密切</td><td>以用水点为中心形成分散的活动圈，院里为进出车辆方便，空间更加直接，地面为水泥地面</td></tr>
</table>

续表

演化阶段		民国及以前	土改至1979年	1980—1999年	2000年后
空间状况	堂屋平面	三开间单跨	明三暗四单跨	明三暗四双跨平层	明三暗四双跨双层
	院落空间	院落面宽小,进深大,比例狭长	院落进深减少,占地面积略减小,建筑面积都少	院落面宽恢复,有的增加了建筑层数	院落面宽增加,进深减少,院落占地面积略减少,建筑面积增加,楼层增高
私密性		院落具有四个私密性递进的空间序列	开始注重家庭内代际之间的秘密性,卧室之间设有单独出入口	更加注重家庭内个体之间的私密性,子女常常都有自己的房间	原有四个空间序列受到影响,更加注重对院落第一关的私密性控制
演化特点与趋势		受传统宗族社会影响	家庭结构变化规模变小,注重生产,受经济条件限制较多,空间趋向实用化	开始注重家庭中个人的生活体验,生活中依赖自然环境和一些物质设备,建筑空间体量增大	注重家庭中个人的生活体验,生活行为更加依赖物质设备,院落内部空间增大压缩了院内空地

传统村落居住院落的演化方式受到家庭的影响较大,院落空间的演化也呈现出一定的规律。

2.5.2 由中轴对称的合院到“半拉子院”

从上一章分析可知,民国之前特别是明清时代建造的大户人家传统院落,例如朱洼村的朱紫贵宅院和张店村的西官宅,其主要特点是有着明显的中轴对称,院落本身各构成部分形态材料统一完整,主厅堂位于院落的中心,庭院与厅堂贯穿在中轴线上,中轴线两侧对称布置东西厢房,安排不同的家庭成员居住。这种对称完整的形象特征反映了中国几千年来封建社会的宗法礼制与伦理思想。

土改之后原有的封建家族和家庭逐渐解体,相应的宗法伦理制度也失去了往日的地位,新的社会制度下农民家庭的结构发生了很大变化。此后建设的院落住宅,虽然还保留有原来封闭院落的形式和各单体建筑类型,但已不再保持院落的中轴对称和完整性,而形成非对称、非完整的“半拉子”院落模式。

“半拉子”院具有传统院落封闭的特点,体现家庭内部的封闭、向心性没有改变,堂屋和厢房的差别也体现了尊卑有序和不同方位的价值观,但是传统合院中重要的中轴线对称性和完整性改变了。

2.5.3　院落空间的压缩

各时期院落空间的尺度有所变化，从所调查院落基本数据统计表可以得出各不同时期院落的空间尺度平均值主要状况（表 2.7）。

表 2.7　不同时期院落空间尺度平均值指标状况

院落建造年代	院落占地面积平均值(m^2)	院宽平均值(m)	院深平均值(m)	总建筑面积平均值(m^2)	庭院面积平均值(m^2)	建筑层数平均值	容积率平均值
民国及以前	256.50	13.00	19.50	117.00	100.00	1.00	0.46
土改至 1979 年	239.75	12.53	18.60	106.20	102.25	1.00	0.44
1980—1999 年	243.20	12.98	18.77	112.04	99.05	1.10	0.46
2000—2010 年	219.72	14.30	15.09	158.51	64.91	1.33	0.75

1）院落占地面积和总建筑面积的变化

为了直观地表达庭院空地面积的变化，如图 2.6 两轴折线图所示，方形坐标点对应的是院落占地面积，菱形坐标点对应总建筑面积平均值的数值，三角形坐标点表达的是庭院面积平均值。可以看出，民国之前建造的老院落所占面积最大，达到 256 平方米以上，土改后和 1980 年代建造的宅院宅基地面积略微变小，进入 2000 年之后，院落占地面积显著变小。与之相应的，在 1980—1999 年阶段后，庭院面积显著减少。对于总建筑面积而言，相比民国之前建造的老院落建筑面积，土改之后的一段时间建造的建筑面积反而有所减少，直至 2000 年之后建造的院落建筑面积开始大幅增加。

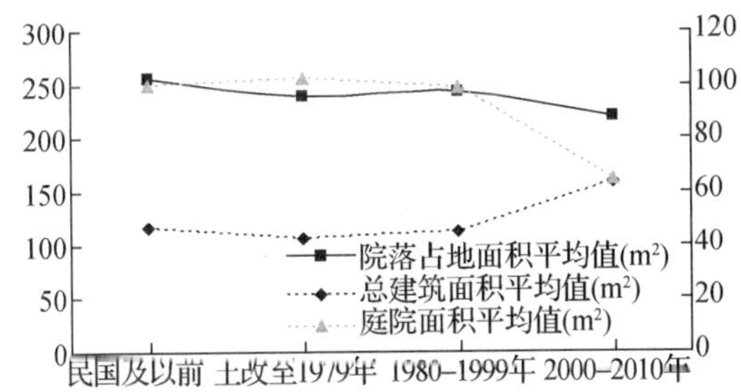

图 2.6　院落占地面积和总建筑面积变化图

调查发现，现存的民国之前的院落大多数是当时地主、富农的宅院，当时的土地大多数通过划地买卖得到，用地规模通常是宽 3 丈深 6 丈或宽 5 丈深 6 丈，占三分地、五分地等规格，按照院落宽度大致有“三门头”“四门头”宽度的标准，这些保存下来的院落在当时都是集中财力建造的，建设标准较高。经过历年战乱，土改之后郏县的农村已十分贫困，因而从土改到 1979 年建设的院落，有的规模和建设标准反而低于民国之前的老建筑，表现为院落占地面积和总建筑面积都略有减少。1980 年代改革开放之后农村逐渐富裕，农宅的建设量增加，建设标准也出现了很大的变化，这一时期当地农村大多数根据具体情况规定了新建宅院的宅基地尺寸，例如朱洼村宋庄就规定新建院落的面宽尺寸不能超过 15 米和 14 米(实施中没有达到这个标准的)。这一时期由于农村人口的增加,建设用地更加紧张,因而各村的院落占地面积反而有所下降。在基本保持院落格局的情况下,2000 年以后院落的布局更加紧密,使总建筑面积也出现了较大的增加,而庭院面积却有所减少。

2) 院落层数和容积率的变化

图 2.7 的两轴图左侧的坐标表示平均层数,右侧的坐标表示容积率。可以看出,民国以前和土改到 1979 年后一段时期的院落大多数是一层;1980 年到 2000 年之后,建筑层数逐渐增加;到 2000 年之后,房屋的平均层数达到 1.3 左右。另一方面,民国以前和土改到 1979 年后一段时期,院落的容积率基本保持在 0.45 左右,但从 2000 年之后,容积率却快速增加到 0.75 左右。这一方面是由于院落建筑密度的增加,另一方面是院落房屋层数的增加造成的。

3) 院落面宽略微增加,进深减少

如图 2.8 两轴图左侧的坐标表示院落宽度的数值,右侧的坐标表达了院落进深的数值。可以看出,民国之前直到土改后到 1979 年这一时期,院落面宽反而减少。这是由这一时期的院落规模缩小所致,院落的面宽缩小到 12.5 米左右,1980 年代之后,面宽增加到 14.3 米左右,面宽的增加暗示了院落堂屋平面变大。院落进深则一直呈缩小的趋势,特别是进入 2000 年之后,进深快速减小,相比之下,院落进深的变化幅度大于面宽的幅度。这说明院落的面宽作为宅基地的主要控制指标变化较为缓慢,院落的基本格局还是较为稳定的,院落占地面积的减少主要是通过进深的减少实现的。

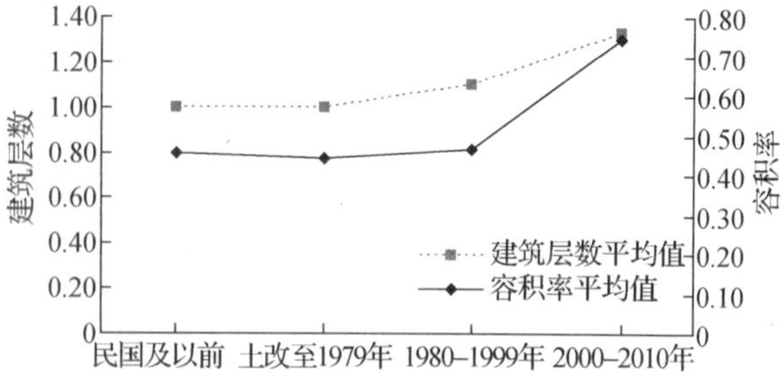

图 2.7 院落层数和容积率变化图

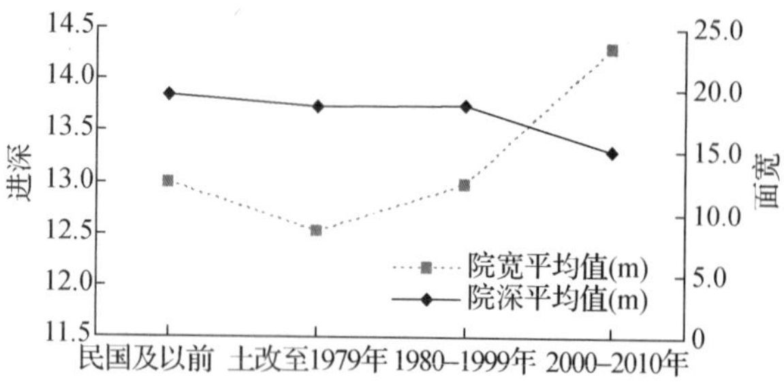

图 2.8 院落进深和面宽变化图

总体而言,从民国之前到 2010 年院落占地面积减少,总建筑面积增加,容积率增加,院落的空间利用率增加。而这种压缩并没有牺牲面宽,相反为了维持新的生活和使用方式的需要,院落的面宽反而有所增加。原有院落的基本格局没有改变,院落占地面积的减少主要通过减少进深获得,实际上院落进深减少主要是由于东屋长度和庭院长度减少,这是院落利用自身空间进行内部适应的结果，与常见的城市板式住宅发展过程中通过扩大进深减少面宽的方式提高土地利用效率是不同的。

2.5.4　堂屋是院落演化的核心

1) 堂屋外观和材料变化

调查发现，民国及其以前建造的堂屋常采用坡屋顶形式和小青瓦仰铺，土改至 1979 年建造的也有的采用机平瓦而两端瓦垄用两垄小青瓦仰合铺法，屋脊常有花式。这些堂屋大多采用木窗，也有条件好的用红石做窗楣，许多堂屋窗户没有玻璃，仅用塑料布裱糊，有的堂屋存在明显室内外高差，有的堂屋则不显著(图 2.9)。

1980 年以后，建造的堂屋多为平屋顶形式，立面处理简单，因为采用平屋面可以方便地挑出檐(由此形成“出墙沿”这种平面形式)，有的在挑檐的正中布置预制的面砖贴画。支撑挑檐的梁头上也常常贴有画砖，这大概与传统堂屋的出梁头有关。墙面大多数采用白色瓷砖，许多堂屋大门采用带亮子的四扇格栅门，使室内采光良好。窗户通常采用三扇平开窗，有的装有纱窗或防盗网，入口地坪一般比庭院高一到两个台阶(图 2.10)。

图 2.9　1980 年以前传统堂屋外观

图 2.10　1980 年以后当代堂屋外观

在墙体材料上，民国及以前建造的富裕人家院落的堂屋墙身一般采用“里生外熟”的做法，即外面贴一层十字错缝的青砖，里面是土坯，等级较高的建筑墙面，砖全部是磨砖对缝砌筑，为了使墙体坚固耐久，在一些关键部位大量使用当地的红石构件作为扒墙石①(图 2.11)。

红石材料的使用是朱洼村和张店村一带最为重要的建筑特色。有文献说，这种红石材质较

① 这种做法的缺陷就是怕浸水，一旦屋顶透水，土坯浸水后立刻导致整个墙体坍塌。调查中发现，很多传统院落墙体坍塌毁坏，以致废弃都是这个原因。许多屋顶毁坏的老建筑往往在屋顶上覆盖一层塑料膜，也是为了防止墙体浸水坍塌。

软，产自靠近襄城的紫云山。但据笔者分析，这种红石材料的使用范围从汝河东南的张店村到汝河北岸的安良镇都有，红石材料的产地应该有多处。笔者实地调查发现，张店村附近的红石采自村南的马鞍山，山南坡和山北坡出产的红石硬度并不一样，山北的红石较软，而山南的红石十分坚硬堪比花岗岩，所以才能作为地基、过梁等承重材料。当地对红石材料的运用直到 1970 年代末，后来新建的房屋墙体越来越少用到红石材料。这并非完全因为红石材料的缺乏，当地有“扒三间，盖六间；扒一处，盖几处”的俗语来说扒掉老房子的红石足够用到新房子上。目前两个村落里院落边随处堆有废弃的红石堆，而且在安良一带现在还有红石出产，可能是新建民居缺乏使用红石的示范，使这种材料循环利用的传统中断。20 世纪 70 年代后期，住宅墙体多采用村民自家烧制的青砖。1980 年之后，墙体材料多采用工厂制作的红砖。近年多采用多孔砖(图 2.12)。

图 2.11　传统堂屋采用“里生外熟”墙体

图 2.12　当地常用的红石材料

从堂屋外观和材料的变化可以看出，当地传统堂屋屋顶形式和材料、构造上发生了较大变化，但建筑体量、立面上讲求以当门儿为中心的特点却没有改变。

2) 堂屋平面演化

堂屋的平面演化大致分为四个时期(图 2.13，表 2.8)：

(1) 三开间单跨阶段

民国之前，绝大多数村民居住院落的堂屋都采用了传统的三开间模式，这种堂屋平面基本上沿用了传统“一明二暗”三开间的格局，分为“一堂二内”或“三间两所”等形式。规格较高的家庭采用五开间，或采用“五间两所”的形式。

三开间单跨的堂屋房屋间数较少，整个堂屋只有一个门，对外较为封闭。这一阶段讲究的堂屋也有看起来像两层的。按传统的做法二层不住人只开小窗，相当于多一个顶棚，实质上还是一层房加大了层高，多了个夹层隔间。

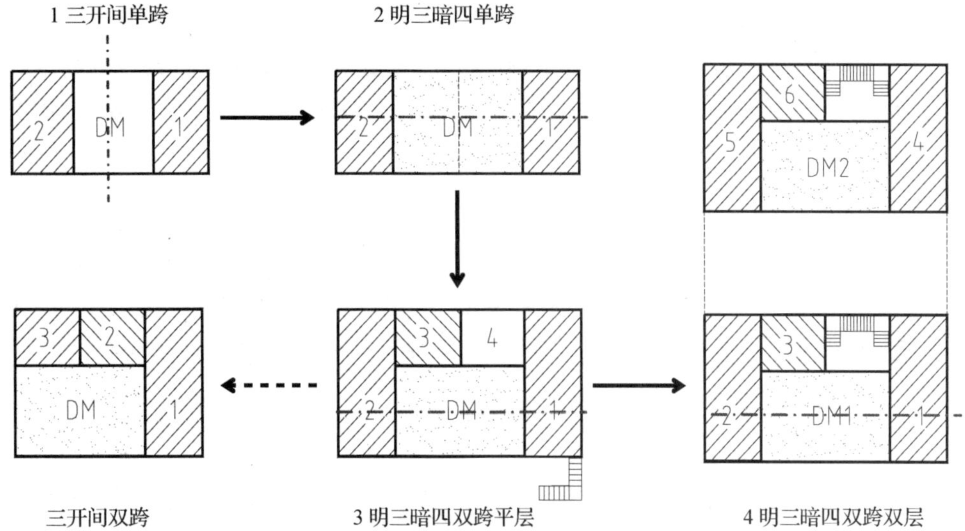

图 2.13 堂屋平面演化示意图

表 2.8 堂屋平面演化阶段表

平面类型	三开间单跨	明三暗四单跨	明三暗四双跨平层	明三暗四双跨双层
大致年代	民国及以前	土改至 1979 年	1980—1999 年	2000—2010 年
平面示例	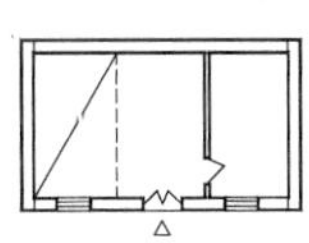	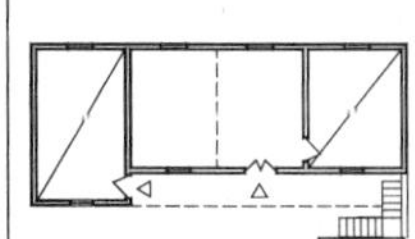	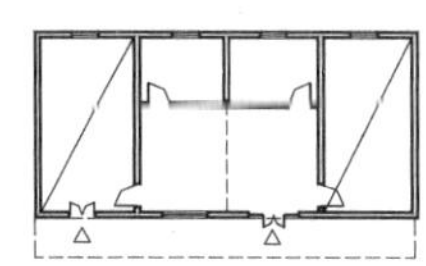	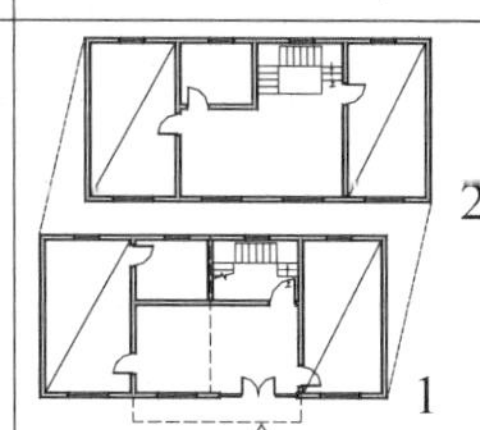
房间总数	3	3	5	8
对外出口	1	2	2	1
屋顶特征	坡顶	坡顶	平顶	平顶
空间行为特征	一个门对外，较为封闭	当门儿行为发生的改变使当门儿原有中轴线发生变化	家庭个人的行为空间增加	家庭个人的行为空间更多，出现两个“厅”
对院落影响	堂屋遵循传统的院落空间模式	堂屋面宽增加，有的堂屋面宽与院落面宽相同	堂屋进深增加，院落进深空间受到压缩，有的堂屋与东房空间关系改变	院里空间被压缩，采光通风条件变差

(2) 明三暗四单跨阶段

1980 到 1989 年左右，随着老寨人口增加，不少家庭需要搬迁到老寨边缘或新建村落。在新的宅基地上，新建堂屋往往扩大了主屋的面宽，有的把主屋面宽做得和院落宽度一样，结构上是四开间，但中间两开间不用墙体分隔作为一个整体使用，成为表面上的三开间，称为明三暗四格局，形式上有“一头沉”“出墙沿”等形式。

明三暗四实际上扩大了当门儿的面积，新的当门儿可以摆放成组的沙发和新的家具电器，也扩大了行为活动范围。同时立面上也打破了原来传统堂屋建筑中轴对称的格局。当门儿内部空间比例被转向，变得面宽大而进深浅，以前当门儿的堂画、条桌、祖宗牌位组成的轴线往往只能转 90 度与大门入口变成垂直关系。因此原来神圣性空间气氛被削弱，而开始向更加实用、舒适的家庭生活空间转变。

明三暗四阶段的堂屋，不仅扩大了当门儿的面积，改变了当门儿的轴线方向和行为方式，在打破了立面的对称后，有的平面形式如一头沉的两侧耳扒儿的房间可以独立向外开门，增加了堂屋的出入口，减少了堂屋的封闭性。

(3) 明三暗四双跨平层阶段

1990 到 1999 年后期，当地堂屋出现了双跨平层的做法，朱洼村附近这种做法的来源据说是宋庄村民的创造。村里以前的堂屋进深不大，1990 年代，他到四川大哥家玩后，参考了当地的房屋格局，回家后把堂屋进深扩大后多出两个房间，村里后来盖房者纷纷效仿，遂形成这种双跨平层的新格局。

双跨平层是在原明三暗四平面的基础上，中间两开间变为双跨，同时整个进深扩大到 9 米。这样中间两跨凭空多出两个房间，整个堂屋有 4 个房间。实质是空间划分得更细，这满足了人口增加的需要，也体现了以前功能复合的堂屋，空间功能开始细分。

由于这种格局扩大了堂屋的进深，必然影响到与南面的东屋的关系。由于传统格局这一风道十分狭窄，往往影响堂屋采光，所以有的家庭需要拆除东屋的一部分，在原风道处安置一个楼梯。楼梯本身的倾斜坡度不遮挡堂屋的窗口采光，又能获得上屋顶利用平层的机会，这样做改善了东屋与主屋的关系，是对原有传统院落的重大改进。

这种改进之后，实质是建筑多占用了庭院的面积，庭院南北方向更为局促。对居民生活而言，由于院落面积小，大多数都用水泥硬化了，已不可能在院落里种菜、养动物。

(4) 明三暗四双跨双层阶段

2000 年后,在双跨平层的基础上,有的院落由于东屋已经存在,空间有限,不能在此位置安置楼梯,堂屋只能把楼梯放在当门儿后面的一小跨中,再在屋顶加盖二层楼。房间数变为 6 个,楼上、下变成 2 个当门儿。通常楼上的当门儿南墙向外挑出装大玻璃窗使得室内采光很好,而且面对院落视野开阔,位于二楼的其他房间由于采光没有遮挡,空间质量也提高很多。

近年来,新盖房时,有的附房也同时建造,这样东屋与门屋、倒座房往往连在一起形成一个 L 形的整体,但如此一来庭院面积不仅缩小,而且空间更局促,已经类似于南方的天井。院落单侧布置房间,庭院变成东西向狭长的条形庭院。庭院采光条件更差,庭院空间似乎已经被压缩至极致。

从以上堂屋的平面演化过程可以看出,随着堂屋尺度的变宽变深,层数的增加,堂屋的房间数目和对外出入口也相应增加。但是堂屋的这些变化压缩了庭院的面积,使庭院空间受到影响,院落中东屋、门屋、倒座房倾向于减小,并有与堂屋连为一体的趋势。

第 3 章　院落的行为模式

3.1　“间”是生活居住行为发生的空间单位

院落居住行为与院落的第三空间层次“间”密切相关，当地方言里，“间”的称呼富于特点：通常把堂屋正中的一间称作“当门儿”，类似于城市住宅的“起居室”；旁边两间称作“耳扒儿”，类似于“卧室”；厢房现在一般作为“灶火房”，类似于“厨房”；“棚屋”一间功能上不住人，仅作为堆柴、杂务、洗澡之用，“倒座”常常作为一个统间比较随意，有的与门楼合为一处，有的堆放不常用的东西，也有的作为临时客人住房。此外，常常利用院落西南处的夹缝空间，上面覆以茅草顶，称作“茅子”，类似于“厕所”。院落内被堂屋、厢房等围合的空的庭院部分，称作“院里”，类似于“庭院”(图 3.1)。

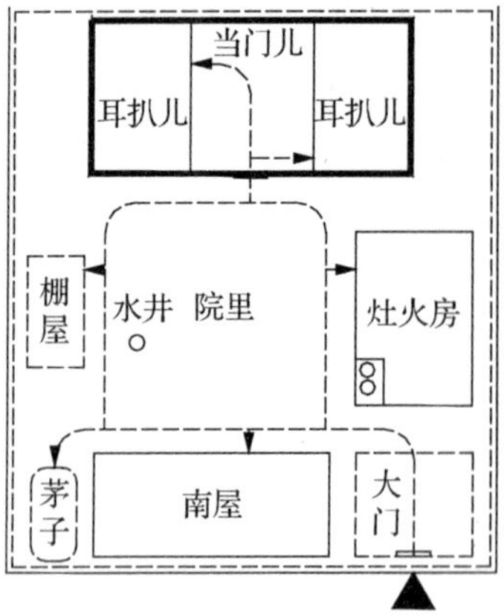

图 3.1　院落居住行为的分布

3.1.1　“当门儿”

1）当门儿空间的装饰性、正式性和重要性

在调查案例中，当门儿通常位于堂屋中间的一间，也有个别案例位于厢房或倒座房，当门儿通常是一个院落之中装饰等级最高、最重要的空间。大多数当门儿地面是水泥或青砖瓷砖铺地，四壁一般经过少量装饰，特别是与大门正对的墙面，一般会在墙面安置大型挂画，这幅画一般占满整个墙面，画的主题有喜庆、山水、伟人像，还有迎客松等。在其下方往往安置有案台或矮柜，上面放置一些具有特殊意义的物品，如大多数家庭都有祖先牌位、佛像等物品。当门儿其余空间安排有桌椅、条儿，有的顶部有吊顶棚、灯具、电风扇等。

一般来说，家庭所有正式的活动、仪式或礼仪性的活动都在当门儿进行，除一家人日常的坐卧休闲活动外，也包含重要的待客、会谈行为，同时当门儿也是家庭向外展示、表达偏好的地方。比如装饰画中的迎客松，表示好客；四季山水，表达对山水自然的热爱；伟人像，表达对伟人的感恩。

所以当门儿既是日常生活的起居、休息的场所，当门儿发生的行为也一定是拿得上台面的、具有面子的重要行为。

当门儿同时具有一定的仪式性，我们从传统当门儿的空间布局中常常能找到潜在的一条中轴线，即从堂画到大门中线之间的连线，它把当门儿分成左右两边，中间居中布置堂画和条桌，一边摆有沙发、椅子等，另一边摆有一些其他家具。

2）当门儿的主要行为（表 3.1）

当门儿的行为十分复杂，各案例彼此差异较大。如经济条件好的家庭，当门儿基本上有电视机、影碟机等电器，地面铺地砖，墙面刷白粉。经济条件最好的，当门儿有基本装修，包门框，石膏板天花吊顶。经济条件差的，当门儿地面常常是土面，四壁是土墙，摆有床又摆有粮仓，几乎没有电器，很多活动都不得不在室外进行。又如居住者的行为也存在差异，老人居住的当门儿，常没有电视机等休闲电器，会客用的沙发、椅子也很少，但常常有取暖炉。养猪户的当门儿常常没有文字对联，而会客用的沙发、椅子等多，说明社会交往较多。退休教师的家庭则有文字对联和奖状，家具对称排列很有古风，但没有沙发，椅子也少，说明社会交往也少。

虽然当门儿的行为纷繁复杂，但总体归纳起来，大多数院落的当门儿都可以分为表现、冥想、休闲、坐卧、饮食、会客、储藏七种类型的行为（表 3.1）。通过分析，发现七个案例都具有的主要行为有两种，即饮食与储藏，六个案例都具有的主要行为是表现和会客；而坐卧、休闲和冥想行为只在部分案例中出现。

表 3.1　当门儿的主要行为

案例编号	精神生活行为			生活必需行为		生活辅助行为	生产辅助行为
	表现	冥想	休闲	坐卧	饮食	会客	储藏
A3	○	○	○	●	●	●	●
A14	●	○	●	○	●	○	●
B2	●	●	●	●	●	●	●
A2	●	●	●	●	●	●	●
A5	●	○	●	●	●	●	●
A4	●	●	●	○	●	●	●
B5	●	●	○	●	●	●	●
总计	6	4	5	5	7	6	7

注：●有行为　○无行为　[灰色]对案例比较重要的行为

饮食是所有案例中当门儿都具有的重要行为，从上文可以看出，所有案例当门儿都摆放有一些饮食用品,如碗、碟、茶杯、开水瓶等用具,说明当地大多数家庭都把当门儿作为日常吃饭、饮食的重要地点之一。因为在当地院落空间中,尚没有形成专门的吃饭空间"餐厅",调查中甚至很少见到南方农村吃饭用的较高的方形和圆形餐桌。通常,当地村民在天气晴朗时全家会在灶房外的院里吃饭,天气不好或者晚上则在当门儿吃饭。

因为常在当门儿吃饭,很多家庭把一些重要的食品用具放在当门儿,如冰箱、饮水机、馍、饼干、方便面、茶叶等食品,甚至一些药品。这样除了吃饭,当门儿也是饮水、饮茶、喝药的地方,如案例 B2 为了加热和保温的需要,在当门儿备有小煤炉和热水器、热水瓶等;有时候当门儿甚至作为做饭的场所,例如案例 B2,A2,都养有家畜,准备牲口食料往往占据了灶火房的空间,因而家人的饮食常在当门儿准备(图 3.2)。

储藏也是所有当门儿都具有的重要行为,所有当门儿都有木柜等物品,但当门儿的储藏行为不止于此。访谈显示,当地在 1980 年之前,很多家庭在晚上都把牛等重要的牲口放在堂屋当门儿过夜,因为牛作为一种生产资料对于农业生产至关重要,但这种行为不仅是为了安全防盗。调查显示,在烟叶收获季节,农民也将收获的烟叶放在当门儿。邻居串门常能看到对方家里烟叶产量的多少,因此,在当门儿收藏、展示自家收获的农作物或者重要生产资料,显示了一个农民生产的能力和财富,类似于一种自我表达和炫耀,能赢得别人的尊重(图 3.3)。

图 3.2　当门儿放有饮食用具(1)

图 3.3　当门儿放有饮食用具(2)

在这个意义上,农作物对于农民具有特殊的意义,正如我国台湾学者黄应贵指出的粮仓对于农业社会住居的重要意义,在某些部落,没有粮仓的房子甚至不能称作"家",而只是"工棚"(黄应贵,1995)。因此,当门儿的储藏行为并不仅仅是物品的储存,农家院落除当门儿外有很多地方都具备可以放置物品的条件,而把物品放置在当门儿确实另有深意。以案例 A3 为例,该户当门儿的铁皮粮仓其实可以放置在后房,因为后房有足够的放置空间,粮仓之所以放置在当门儿最显眼处是因为该家庭较为贫穷,在当门儿放置粮仓是为了显示自家农作物的财富,以避免别人轻视。

表现行为是当门儿的重要特征，也是最明显的特征。除案例 A3 外，所有家庭的当门儿正中都布置了一幅几乎覆盖整个墙面的堂画。案例 A3 之所以没有布置，可能是经济原因，只在相同位置贴了一张大幅明星照。堂画的悬挂位置类似于传统厅堂的“中堂画”，但尺幅更大，都是表面覆膜的印刷品，堂画的内容主要有风景、伟人等类型，有的两侧还有对联。堂画的类型大致表现了主人的意识倾向，例如，案例 A4 教师家庭的堂画选择了较高雅的山水画，而案例 A2 养猪的人家却选择了伟人画，调查中也不断表达出感恩的思想。除了堂画之外，许多当门儿还挂有照片、奖状等各种表达特殊意义的物品。

会客、坐卧、休闲是当门儿的常见行为，当门儿会客常常只接待特别重要和亲近的客人，多是在节假日走动的亲戚，而通常的聊天串门仅仅在院落入口大门进行，所以大多数家庭因会客行为所必需的茶杯数目并不多。坐卧行为的标志是沙发的设置，大多数家庭都备有一组沙发，沙发作为一种外来的较为现代的家具形式，使当门儿的布局和传统厅堂产生差异：传统厅堂通常只有单独的椅子组合，而没有适合坐卧的沙发，沙发的出现使当门儿的坐卧行为更加舒适。大多数家庭当门儿主要的休闲行为是看电视，一部分家庭把电视放在堂画下的正中，占据空间的主要位置，如案例 A2；也有一部分家庭仍然保持把牌位或时钟放在堂画下的空间中轴，而把电视放在侧边，这样更方便坐沙发上看电视，如案例 A4。大多数情况下，会客、坐卧和休闲行为发生的空间和物品融为一体，成为密不可分的一组。

冥想行为是当门儿特有的行为，当地许多家庭都在当门儿的案儿上摆放先人牌位，有的家庭案儿上放香炉和佛像，这些行为或表达追思，或表达宗教信仰，使当门儿空间具有一定的脱离世俗的神圣性。

总体来说，当门儿的表达、冥想和休闲行为属于个体精神生活的行为，坐卧和饮食属于生活必需行为，会客属于社会交往所必需的生活辅助行为，而重要农产品和生产资料的储藏属于生产辅助行为。在当门儿的七种行为中，休闲、坐卧和会客是一组相关联的核心行为，往往表现为沙发和茶几的区域。这一组行为也与其他行为相关联，比如饮食行为，有的家庭在门边放一个小煤炉，便于烧水。坐卧行为又与耳扒儿的睡眠行为相关联，同时，会客行为有时也与表现行为相关联。当门儿的储藏行为有时也与相邻耳扒儿的储藏行为相关联。这些相互关联的行为使得当门儿的使用方式并非只是具有几种简单的功能，而是形成一种彼此不可分开的复杂的生活行为体系（图 3.4）。

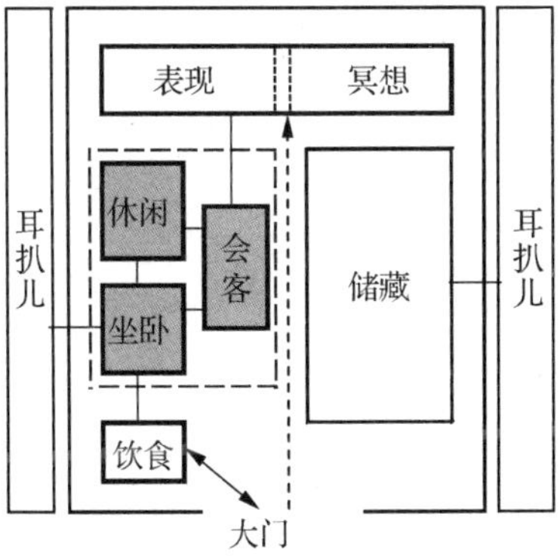

图 3.4 当门儿的空间行为体系

3.1.2 “院里”

当地所有农户都有庭院,最小的庭院面积约40平方米,普通庭院面积在60平方米左右,庭院与外界用围墙隔开,也有的用树枝堆来代替围墙划分界限。老式院落庭院大部分都是泥土地,局部有碎石铺地。新式院落庭院常用水泥铺地,大多数庭院种有少量的树、蔬菜和观赏植物,中部安排有水井等物品。其中,院落庭院被周边建筑和围墙围合部分利用最多,当地方言称为“院里”。有的院里以水井为中心,中间还有卫视接收器,周边搭有简易棚子,堆放柴火杂物。

李斌、范佳纯、李华(2012)曾发现自然村落的居住空间与城市住宅相比,村民的大部分活动行为和生活行为都发生在室外,室外空间是村民居住环境的重要组成部分。在农村住宅的形态变化中,院里空间一直被保留和使用着是区别农村住宅和城市住宅最重要的特征。

通过对以上调查案例院落的院里行为归纳可以看出,院里主要的行为共有七类,其中洗漱和清扫是所有七个案例都具有的最普遍行为,表现、供水、储藏是大多数案例都具有的行为,一部分案例的院里还具有烧水、养殖、种植等行为(表3.2)。

表3.2 “院里”的主要行为

案例编号	精神生活行为		生活辅助行为				生产辅助行为		
	表现	休闲	供水	洗漱	烧水	清扫	储藏	养殖	种植
A3	○	●	○	●	○	●	○	○	○
A14	○	○	●	●	○	●	●	○	●
B2	●	○	●	●	●	●	●	●	○
A2	●	●	●	●	○	●	○	●	○
A5	●	●	●	●	○	●	●	○	○
A4	●	○	○	●	○	●	●	○	○
B5	●	○	●	●	●	●	○	○	●
总计	5	3	5	7	2	7	4	2	2

注:●有行为 ○无行为 [浅灰色]全部案例具有的行为 [深灰色]对案例比较重要的行为

洗漱是所有家庭必需的个人卫生行为,由于农村院落没有类似城市“卫生间”的空间,传统的“茅子”仅仅是排泄的场所,有的院落搭建了简单的洗澡棚,但也不能满足日常洗手、洗脸的需要。农民常年从事种植、养殖等劳作,经历田地环境的施肥、操作机械等动作后,回家后必须要方便及时地清理,包含洗手、冲鞋等。因此洗漱行为的地点常常靠近灶火房、水井等水源,也靠近入口大门附近，方便排水流出门口。洗漱的设施常常有一个脸盆架和多个脸盆，便于多次冲洗。另外由于中原地区较为缺水，初次冲洗常常利用灶火房的废水，因而许多洗漱区域常常在灶火房外，如案例 A14 和 A5。

清扫也是每个家庭都具有的卫生行为，一般家庭把废水和污物直接排到大门外，但也有少数家庭，例如案例 A3 和案例 A4 的院里都有一个污物坑，污水和污物都排到污物坑，污物坑周边有杂草或石头遮蔽。分析发现，案例 A3 和 A4 都没有水井供水，可以设想，由于没有水井供水，导致平日家庭用水量少，不用排水沟排出门外，所以在院里挖掘污物坑积水，但污物坑的存在对院落环境有一定负面影响。

表现行为常常使不同的居住院落具有自己的特色。院里表现行为的地点常常在院落入口处，许多院落的入口正对着一堵山墙或影壁的地方存在一个入口过渡空间，这里山墙或影壁成为表现的重点。如案例 B5 影壁上装有瓷画，案例 A2 的影壁上装有神龛，案例 B2 的山墙上挂有鸟笼，案例 A4 的该位置种有一棵木槿树，案例 A5 的入口则放置有盆栽等。院里的表现行为不同于当门儿的表现行为那么正式和宽泛，而含有针对进入对象特定表达的意味。如案例 B5 影壁瓷画的主题迎客松表示对来客的欢迎，案例 A2 的神龛则意味着对于某些不受欢迎进入者的警示，木槿树和盆栽可能表达一种欢迎，而鸟笼则表达一定程度的警示。

供水行为是当地院落的常见行为。由于当地农村长期没有集中供水设施，村民普遍在自家院落打井取水。大多数在院落的西侧打井，因而用水的相关活动常常围绕这个井水点进行，洗脸卫生用水、洗衣晾晒都在水井周边，种植盆栽也需要水，因而盆栽往往也和水井位置很近。对养殖户而言，养殖需要经常用水冲洗，给牲口喂水，由于养猪户用水量大，猪圈也往往要靠近水井，如案例 A2。

近年来，经济条件较好的家庭采用电动水泵，从井里抽水后用自来水管道输入到需要用水的地方。管道常通到灶火房和灶火房外的采水点，这样灶火房的洗菜盆可以用自来水，做饭行为更方便，效率更高，如案例 A5。室外取水点主要供平时洗漱、家务、生产杂用，夏天给婴儿洗澡也从这里取水，因而相关的取水行为围绕这个取水点展开。近年有的村落通过村庄整治(如张店西村)安装了自来水系统，但居民嫌自来水费用贵而且水质不好，所以大多数家庭并没有废弃自家的水井，而且新装自来水点多选择在靠近原有水井处。如案例 B2 家新装了自来水和简易太阳能热水器，但仍然通达到原有水井处，因为这里靠近羊圈和排水沟，这样新的设施的使用主动适应了原有的生活方式。这不仅是生活习惯使然，也是客观条件的限定。

院里的储藏行为与上文提到的当门儿的储藏行为在储藏对象上有较大区别。院里储藏的对象都是比较大型的农用和交通工具，例如木架子车、木架子床(晒粮食用)、拖拉机、农用三轮车以及一些农具等。这些农具使用频繁，体积较大，因而需要放置在院里便于及时取用。

烧水是一部分居住院落常见的行为,一些家庭特别是以老年人为主的家庭,需要经常用到开水,往往采用能长期保持火力的小煤炉加煤炭球的方式,这样既方便又节约费用,因而这些家庭的烧水与做饭所用的燃料、灶具都不一样。而且烧水的位置往往位于院里靠近灶火房门口的地方,这样放置的目的不仅仅是为了避免产生的烟气留在室内,也是因为本地院落特有的空间格局使灶房门外的这一位置能被坐在当门儿的人方便照看到,如案例 B5。

养殖、种植等行为是农村家庭院落常见行为,有的家庭依赖自家院落的这些行为获得主要的经济来源,因而这些行为对家庭生存具有重要意义。养殖需要的空间往往位于院落的边角空隙处,尽量降低对居住生活的影响,而种植行为多发生在院落面积较大的家庭,农民在自留地收获的许多粮食也需要放到院里来打理,因而,从事养殖和种植的农民家庭对于院落空间面积和尺度的需求往往比纯居住需求更大。

总体来看,院里作为室外空间生活必需行为较少,其他行为则较为复杂多样,特别是生活辅助和生产辅助行为较多,也具有一定的精神行为。院里的诸多行为之间具有密切的关系,其中取水行为是核心行为,其他的烧水、洗漱、清扫、种植,甚至于灶火房的烧饭等都与其相关。因而,院落的行为可以理解为以水井为中心的一系列复杂行为的体系,而这一体系也是整个院落生活体系的一部分(图 3.5)。

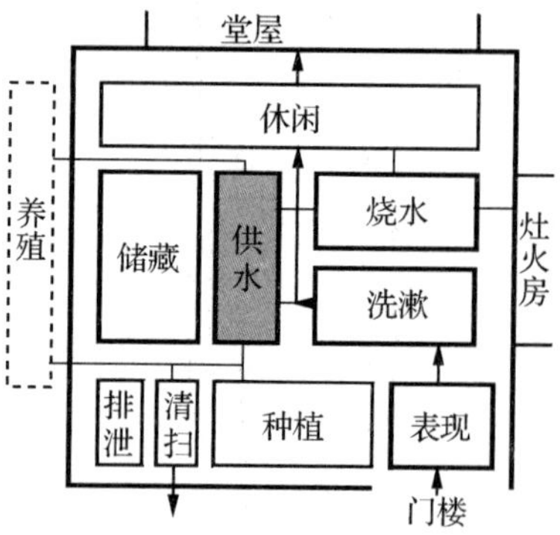

图 3.5 “院里”的空间行为模式

3.1.3 “耳扒儿”“灶火房”和“茅子”

“耳扒儿”一般位于堂屋的次间,其主要行为是睡眠,但往往也附加其他行为,如不宜外示的储藏(粮食储藏)、女活(针线活)等,因而具有一定的隐秘性,也需要遮挡,不需要太亮的光线。当地院落空间模式中的“瞎瞪眼”“半捂眼”,即东屋山墙遮堂屋挡耳扒儿窗等有利于保持耳扒儿的私密性。

调查中发现所有家庭都有两个以上耳扒儿,虽然有的耳扒儿只是用简易隔断与其他空间分开,似乎私密性不强,但是由于没有连在一起的耳扒儿,中间总是有其他功能空间分开,故独立性较强(图 3.6)。

本地主要耳扒儿通常设有粮仓,粮仓有的如床大小用砖砌,有的屋顶还设有专门的漏斗,便于粮食晾晒后直接从屋顶倒入(图 3.7)。此外有的房间还可以进行缝纫等针线活。

图 3.6　耳扒儿摆放的物品

图 3.7　耳扒儿连通屋顶晾晒的管道

睡眠是耳扒儿最重要的行为，通常一个耳扒儿只有一张床。睡眠行为与人的类型密切相关，老人所在的耳扒儿私密性常常不强，仅需用布帘与当门儿隔开。年轻夫妇卧室的私密性较强，一般很难进入，多采用“一头沉”的房型，耳扒儿通常在“沉”的部位，有单独出入口，里面主要由一张大床、梳妆台等组成。未成年子女卧室往往较小也不正规，但常常摆有桌椅供孩子学习用。

以上分析表明，耳扒儿的主要行为是睡眠、储藏和生产活动，这些活动相对稳定，几乎为每个家庭所拥有。

灶火房主要是家庭备餐做饭的场所，空间上大致可以分为灶火区域和案板区域两个部分。调查案例家庭的灶火房大多数有土灶台，一般用泥土等材料砌成，体量较大，通常有一个烟管通到室外。土灶台多位于屋角或墙边，由于风水上要求进入厨房不可直接看见灶台，所以灶台正对门口的情况很少，也使得灶火房普遍通风采光不好。有的家庭灶火房也用煤气灶，但由于煤气灶使用成本高、火力弱，只是偶尔使用。当地农村有玉米杆、柴禾等天然资源，有的家庭需要煮食牲口饲料用火量大，所以当地仍然普遍大量使用土灶台来做饭。许多家庭同时也使用小煤炉，主要用来烧水喝。这是因为使用煤炭费用省，移动方便，可以作为取暖设备，增加室内温度。可见当地灶火房多种厨具并存的现象普遍，炊事用能因需而异，现阶段任何单一的能源形式都无法独立完成农户对炊事灶具的全部需要。

朱洼村和张店村村民的主食是面食，面食制作需要较大面积和长期工作，所以常备有两个矮墩，炒菜调理时各有常见的刀、调料等，养牲口的农户往往还另有一个案板。此外由于大多数灶火房没有自来水，灶火房内还有若干水缸储水。

因为使用土灶台烧火、水缸取水，大多数灶火房空余空间不大，环境相对较差，村民也很少在灶火房吃饭，再加上以面食为主的饮食习惯，使村民吃饭的地点并不固定。据调查，大多数家庭早饭相对简单，一般是喝汤，在庭院的小桌子上进行；中饭常常是面条配有小菜，一般在院子里吃，如果天气热或下雨,则在当门儿进行;晚饭天黑了一般在当门儿吃饭。因此,正如上文所述,当地院落尚没有设置专门吃饭的空间。

总之,灶火房使用多种形式的能源、材料和方法操作,空间环境较差,因此,灶火房通常都不上锁,也不放置重要的东西,吃饭的行为也很少在灶火房进行。

调查案例家庭都采用了旱厕形式,处理粪便和排泄物的方法简单,很多家庭仅为简陋的棚子,称为"茅子"。如案例 B5 院落的茅子利用了露天院墙,用炭灰处理粪便较为干净,逢雨雪天需要打伞,但房主表示已经习惯并不准备改变。有的新修茅子虽然外形仿照城市厕所,但功能主要用于排泄,不包含个人卫生的洗、漱等内容。由于村里没有排污管道,而且还需要收集粪便做肥料,所以仍采用旱厕的形式,旱厕也很难真正成为城市的"厕所"或"卫生间"。

3.1.4 院落居住行为特点

1) 院落居住行为之间相互依存

重要空间形成以某类行为为核心的行为组群,若干个行为组群形成一个院落整体行为体系。

例如当门儿形成了以会客、休闲、坐卧为核心的行为组群,这些行为共用了该区域的沙发、茶几、茶杯等物品,行为彼此之间也相互依存,很难绝对分开,如会客行为有时也与当门儿的展示行为相联系,形成一个行为整体。又如院里形成了以水井为核心的与水有关的行为组群,包含洗漱、烧水、清扫、做饭等。

又如做饭一类的行为,涉及许多彼此相关的行为细节,往往观察到调查对象在做饭的过程中经常进出灶火房,在院里各空间穿梭,如到水井取水、洗菜,在院里取菜,从当门儿拿一些用具等,这些行为彼此的依存度很高。由此可见,院落居住行为彼此联系紧密,从整体上看都是当地农村传统生产生活行为体系的一部分,某一项生活行为的改变,会对其他相关行为产生影响。例如村民 A5F 用电动水泵取水代替了水井,那么传统的以水井为中心的行为就会被多个点所取代,洗漱、烧水等行为不需再围绕原来的地点,灶火房就不需要水缸,做饭行为的空间范围缩小了。

2) 当地农民的居住行为与农业生产和自然环境关系密切

日本学者吉阪隆正(1986)提出可以把生活行为划分为三种类型,即把休养、饮食、排泄、生殖等生物性人的基本行为列为第一类生活;家务、生产等辅助第一类生活的行为作为第二类生活;表现、休闲等从体力、脑力上解放自己的自由生活作为第三类生活。

完成第一类生活需要完成如睡眠、饮食、排泄、坐卧等行为,主要在堂屋内当门儿、耳扒儿和茅子等空间完成;完成第二类生活所需要的行为内容最多,如烧水、做饭和一些农业生产辅助的行为等,第二类生活在农民生活行为中占有重要位置,也是农村生活与城市生活行为差别之所在。这些行为多数在院里发生，是因为庭院空间具有水井、土地、自然光线和通风等自然要素，便于低成本地完成这些生产活动(表 3.3)。

表 3.3　院落居住行为的类别

行为类别	第一类生活				第二类生活										第三类生活		
	生活必需行为				生活辅助行为						生产辅助行为				精神生活行为		
行为主要内容	睡眠	饮食	排泄	坐卧	烧水	洗漱	做饭	供水	清扫	会客	生产	种植	养殖	储藏	表现	休闲	冥想
行为发生的主要空间	耳扒儿	当门儿	茅子	当门儿	当门儿	院里	灶火房	院里	院里	当门儿	耳扒儿	院里	院里	院里	当门儿	当门儿	当门儿
行为发生的其他空间		院里			院里		当门儿		当门儿等	院里				耳扒儿	院里	院里	

许多院落居住行为与家庭农业生产和自然环境相关联，这是与城市住宅行为方式有很大不同的重要特征。如在庭院种菜养牲畜、停放农业车等。调查区域的农村当前大部分村居仍然采用传统的农业生产方式，农民自己种菜、种粮食和饲养牲畜，因而院落居住行为和家庭生产行为紧密联系，成为当地农家整体生活行为方式的一部分，这种生活方式使得院落居住行为之间相互配套关联。例如，需要较大的灶火房和更便宜的柴禾等燃料准备饲料，使用自然水井的便宜水源浇菜地，茅子采用旱厕便于收集农家肥。

3）大多数村民家庭居住行为方式简朴、传统，与现代生活方式并存

调查中发现，受各种因素影响，大多数村民的生活方式比较简朴，生活标准和对生活的要求不高，因而一些具体的院落居住行为往往比较简单。例如当地农民的早餐、中餐甚至晚餐基本都是面条，农忙季节有时就是馍和咸菜；有的农民经常吃方便面，因而村民饮食行为是比较简化的。农民的洗漱行为也较简单，往往就是洗脸盆和毛巾、肥皂就够了，农民的休闲行为主要就是看电视。村民具体的居住生活行为虽然简单，但这些都是生存、生活需要的最基本行为，如果连这些行为都得不到保障，就会极大地影响村民的生活。

此外，许多家庭居住行为都沿用传统的做法和空间设施。例如，大多数家庭当门儿都保持有堂画和牌位，取水的行为采用水井(现在许多家庭附加一个电动水泵)，储水用水缸，用水管浇地，做饭通常用土灶台，烧饭用柴禾和煤炭，如厕用旱厕，用草灰处理粪便，这些传统方法和设施与现代的城市化的一些电器设施并存，共同维系一种既现代又传统的生活行为方式。

4）居住行为受社会、家庭因素影响大，适应性强

村民居住行为目前所体现出来的一些特点，是依村民所处的具体的社会、经济、家庭条件而形成的。

(1) 家庭人口结构对村民的居住行为有一定影响。村民的居住行为受具体家庭人口结构的影响各有不同,在所调查对象中,家庭三、四代同堂的现象已经很少,二代家庭同堂所占比例最多。二代家庭中,由于很多农村中青年夫妇带着孩子到外地打工,所以在所调查的对象中中青年夫妇带孩子的两代家庭很少,反而是一对老年夫妇照顾更年老的父母的两代家庭较多。一代家庭大多数是一对老人家庭,独居的老人也不少。

对于两代同堂的家庭,由于多数为老人,他们的基本居住行为较为简单,如做饭、吃饭等行为不复杂。老人们通常喜欢在当门儿烧水,用煤球炉,基本都有堂画和牌位,但电视机往往只用作摆设。老人的生活设施较为老式简陋,对客厅的沙发也不重视,院落是其重要的活动场地。他们喜欢把室内生活通过门口向室外延伸,但延伸范围通常只限于门口附近。

老年家庭的居住行为还具有一个共性,即老人因没有能力从事重体力生产活动,所以生产性活动较少,涉及的基本生活行为较为简单,生活方式较为传统。

(2) 农村家庭生产从业状况对居住行为有明显影响,例如种植户家庭和养殖户家庭,其空间行为方式存在明显的不同。不同的生产类型,甚至于种芝麻和种烟叶的家庭,其空间利用方式也存在差异。

事实上,村民家庭的居住行为与院落的空间状况是相互对应的,养殖户对灶火房和猪圈空间的要求较高。如案例 B3 有三个灶台,侵占邻居多个小空间作为羊圈、猪圈;养猪户 A2 家有两个土灶台,灶房经过刻意加大。另外养殖户的庭院一般受到养动物的影响,比较脏,气味臭,因而养殖户家庭一般喜欢在大门口活动,所以灶火房和大门口是养殖户日常最重要的活动场所。而对于种植户而言,平时休息主要在堂屋的当门儿进行,因而当门儿的面积、摆设往往更好。此外种植户的庭院因为农具的需要,面积较大,由于没有动物的干扰,因而比较干净,这样室内生活内容可以更好地在院里进行。

此外,具有较高文化水平的教师或者工人家庭,农业生产性行为不突出,但是庭院绿化和文化氛围浓重。如案例 A4 家的当门儿采用古典的对称布置,而案例 B5 退休工人家庭布置有彩色照壁和大量绿化盆栽。

(3) 家庭经济状况对村民的居住行为影响巨大。住宅的使用方式是由经济基础即家庭的经济条件决定的,经济条件较好的家庭,住房条件较好,家庭设施较齐全,家具、家用电器及一些用品档次较高、较新,相应的生活行为往往更接近现代城市的生活方式和水准;经济条件较差的家庭,往往居住条件简陋,家庭设施老旧不全,相应的生活行为标准较低。

古往今来,农村都存在着贫富差距,这些差距体现在建筑形式、材料,还有建筑的使用方式,比如堂屋的布置和灶火房的状态上。富裕家庭不仅采用砖屋瓦房,堂屋当门儿常常布置有沙发电器,灶火房宽大还堆放有各类餐具,如案例 A5 和 A7。贫困家庭不仅房屋低矮陈旧,当门儿常常家徒四壁，灶火房的炊事用品也较少。通过这些特征，有经验的人一眼可以看出一家农户在村落中的富裕程度。

处于较低生活水平的家庭，他们的生活必需行为非常简化，就饮食而言，案例 A3 的灶火房空空如也，他们经常吃方便面，案例 A13 的灶火房是原来的烤烟房，用烧柴火做饭，餐具也非常简单。就精神生活方面而言，这两户家庭的堂屋都不太正式，墙上并没有贴当地家庭常贴的堂画，这是十分罕见的，也都没有放祖先的牌位、观音像等，更没有沙发等会客设施。这些说明经济条件对居住行为的影响主要体现在饮食、会客等行为上。经济条件越差，这些行为等级越简单，数量种类越少，质量越差。

当然，随着村落的发展，以上这些影响因素也在变化之中。随着这些制约条件的改变，未来村民的居住行为方式也会发生变化。

(4) 用空间来换取居住行为的简化和低成本。调查村落所处的社会经济环境决定了大多数家庭院落居住行为舍弃了高效和舒适性，而选择了维持生活所必需的基本、简单的传统居住行为方式。在这种居住行为方式的要求下，院落空间没有追求专门化、集约度和舒适性，反而采用了简单、传统而与农业生产和自然关系密切的行为方式，这些居住行为之间彼此关系密切，形成体系，这些行为体现为了达到简化和低成本的目的超越了空间而存在。可以说这种院落空间模式适应了各类经济条件限制下的行为方式，达到了用空间换行为的简单化、低成本、低能耗的目的(图 3.8)。

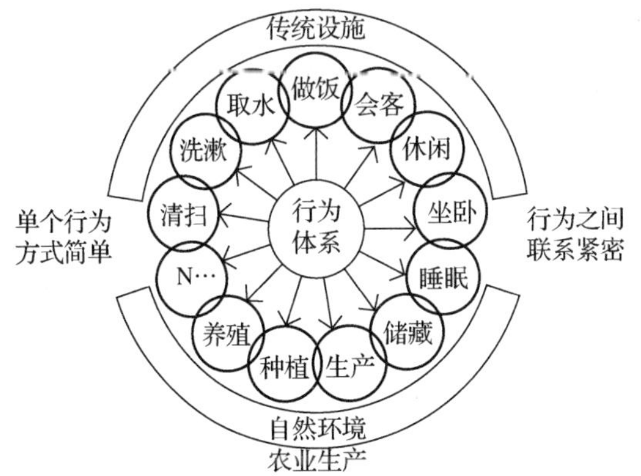

图 3.8　居住行为的特征

例如，耳扒儿并不是专门的卧室，往往还附设有砖砌的粮仓，空间进深与堂屋当门儿一致，显得空间过大而且空空荡荡，并且由于私密性和粮食保存的需要，开窗狭小，房间显得阴暗。又如，为了防止污染，茅子往往设置在离耳扒儿较远的地方，上厕所要经过较远的距离，而且茅子大多是露天的还没有顶盖遮挡，缺乏城市厕所的舒适性，但便于拾取农家肥。灶火房也在堂屋之外，井水在灶火房之外，取水需要一定距离，但由此能源的利用成本最低，显然维系这种院落居住行为需要更大的空间。可见，院落空间的设置首要目的并不是为了缩短单一行为的距离和时间，反而是扩大行为的空间范围，从而达到低成本、简单生活的目的。

因此，不能就此评价院落居住行为模式下空间利用的好坏得失，因为这种院落空间模式和居住行为方式并不是单独农民家庭的自我选择，而是村落社会经济条件整体决定的。

3.2 院落空间和生活居住行为的“调和(loose fit)”对应关系

3.2.1 院落空间与行为的调和关系

阿摩斯·拉普卜特(2004)曾指出，设计的目的不应完全“切合”(tight fit)环境，文化与建成环境之间应当是一种“调和”(loose fit)的关系，经济与承受能力也要求环境能够对时间引起的变化做出反应，环境自身也总是有一定的变化幅度，因而设计应尽可能是开放性的，才能做到灵活机动，在千变万化中保持活力。半拉子院的空间行为正体现了这种关系。

1) 与通常的城市住宅不同

院落单个的居住空间和具体的单个行为之间并不具有一一固定对应的关系。

一些居住空间对应多项行为。例如，当门儿具有坐卧、休闲、会客、表现、冥想等多个行为，而且这些行为有的又与别的行为有关联，因而当门儿很难与某个单独行为建立对应关系。又如，耳扒儿具有睡眠、储藏和一定的生产辅助行为等多项行为，院里对应的行为更多。

一些居住空间只能进行单个行为的一部分，而不能完成行为的全部。例如，灶火房虽然有做饭的行为，但做饭行为并不完整，常常还需要到水井取水，到院里拿柴火，到院里择菜等，有时做饭也可以在当门儿进行。茅子空间虽然可以便溺，但天气不好时村民也常常使用便盆在耳扒儿或其他空间进行，茅子的粪便处理也常常牵涉其他空间，因而，茅子空间也并不能对应完整的排泄行为。

2) 院落居住空间和一些行为之间具有松散的调和对应关系

虽然单个的居住空间和具体的单个行为之间并不具有一一对应的关系，但某个居住空间可能对应数个居住行为，随着时间的不同这些居住行为的数量可多可少。某个居住行为也可能在多个居住空间发生，也会随着时间和条件而变化，对应对象开放而灵活(图3.9)。

例如，当门儿通常具有坐卧、休闲、会客、表现、冥想、储藏等多个行为，但这些行为并不一定同时都具备。在某些特殊时期，如三年困难时期，牛作为特别重要的生产资料，当地村民常常在堂屋当门儿养牛。又如，耳扒儿虽然通常作为睡眠的场所，但由于家庭人口结构的减少，目前大部分村民家庭都有一部分耳扒儿空置，或者作为其他的用途，居住空间具有的行为随时间变化而不同。

又如，吃饭的行为几乎没有一个固定的场所，天气好时在院里，天黑或下雨时在当门儿，有时也在门口和邻居边聊天边吃饭。居住行为所对应的空间也随时间变化而不同，因而院落空间和行为之间具有松散的对应关系。

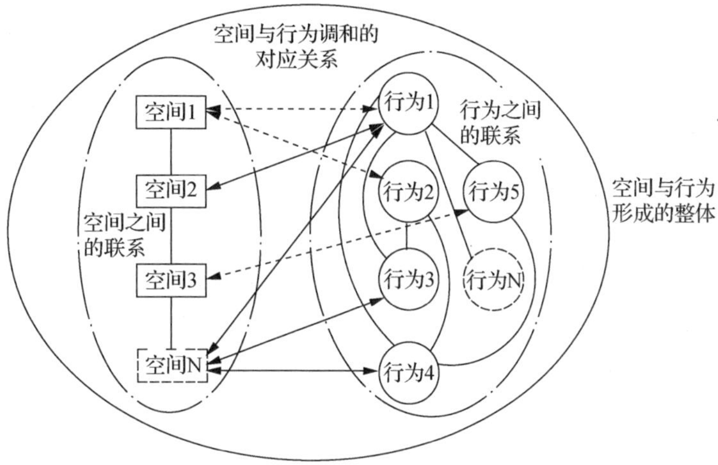

图 3.9　院落空间与行为之间的对应关系

（虚线表示行为与空间具有的调和关系）

3.2.2　季候变化下院落空间和行为的适应

院落空间和行为之间通过调和的对应关系形成一个密不可分的整体，空间和行为之间彼此松散的调和对应关系，使院落空间和行为之间具有相互“适应”的可能。“适应”(accommodation)在社会学中意指对冲突情境加以适应的状态或过程。在院落空间和行为关系中，某些时候可能会存在一些彼此的不适应或不协调，此时可以通过略微改变空间状况以适应行为的需要，或者改变行为的方式以适应现有的空间。但这种“适应”仅仅减少了空间和行为的冲突，却没有改变现有的空间和行为主体及其相互关系，并让现有的居住空间行为整体得以持续。

传统村落居住院落空间历经长期的发展，院落居住者也祖祖辈辈在同样的环境里生活，居住空间和居住行为经过长期的相互适应和磨合，形成一种自然适应的关系，这一点在院里的空间和行为关系上表现得最为突出。院里的空间和行为常常动态地适应农历季候的环境变化，因而提高了使用效率。

本研究通过历时一年在不同季候对案例 A5 院里的追踪对比研究，研究了冬、夏不同的农历季候下院落的适应变化情况（表 3.4，图 3.10，图 3.11，图 3.12）。调查选择了一年内案例 A5 院里的情况，发现夏季和冬季相比最显著的变化是夏季庭院上方增加了黑色的遮阳网，遮阳网的价格大约几百元，房主说遮阳效果良好，但是对房间采光略有不利。

表 3.4　冬、夏院落物品行为变化表

空间位置	编号	冬季物品	夏季物品	行为变化
大门外	1	水缸	移到院内南墙边	冬季院外打扫需要先洒水
	2	大扫帚	移到院内南墙边	冬季院外打扫,夏天院外长草,打扫不便,放回院内
南院墙	3	农用车	移到院内西棚边	冬天不占据采光位置
	4	无	席子	夏季在室外睡
厕所外	5	大水缸	移到院南墙水管边	冬季不用水缸,夏季便于接水、储水
	6	陶盆	移到院南墙水管边	冬季盆栽凋谢,夏季盆栽接近水源
	7	木梯	移到檐廊边	冬季需上屋顶修热水器
西棚	8	架子床	借至弟弟家用	冬季储藏,夏季晒粮食用
	9	白菜	无	冬季食用
	10	自行车	移到廊下	冬季短途用自行车,夏季反而不用
	11	无	架子车	夏季农忙利用多
	12	无	摩托车	夏季利用多
厨房外	13	铁洗脸盆	铁洗脸盆	固定不变
	14	雨水管下接水桶	无	冬季水少珍贵
	15	无	西瓜	夏季食物
	16	无	小方桌	夏季有时在此吃饭
	17	小扫把	无	冬季用扫把扫院落,夏季用拖把
檐廊下	18	小桌边三个小椅子和藤儿	夏季桌边只剩下一个椅子	冬季社交活动多
	19	无	排水口布管	夏季用来从屋顶落粮食
	20	小方桌	小方桌	固定不变
	21	无	拖把	夏季用
院里	22	无	婴儿车	夏季用
	23	无	洗澡盆	夏季用
	24	晒衣架	晒衣架	固定不变

续表

空间位置	编号	冬季物品	夏季物品	行为变化
当门儿	25	饮水机	移到冰箱处	
	26	冰箱	移到饮水机处	夏季冰箱利用更方便
	27	盆栽	移到室外	夏季盆栽适合在室外
	28	热水瓶	移走	冬季用
	29	沙发不靠墙	沙发靠墙	夏天需要开敞
	30	无	席子	夏天在此睡觉
	31	三个小椅子	移走	冬季室内社交活动多
灶火房	32	大馒头筐	无	冬季饮食简单
	33	高凳、矮凳	移到厨房外	冬季在室内操作,夏季在室外操作

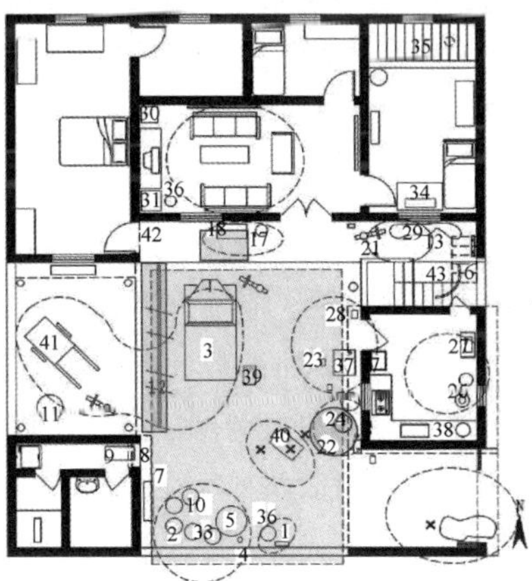

图 3.10　夏季院里物品行为分布图

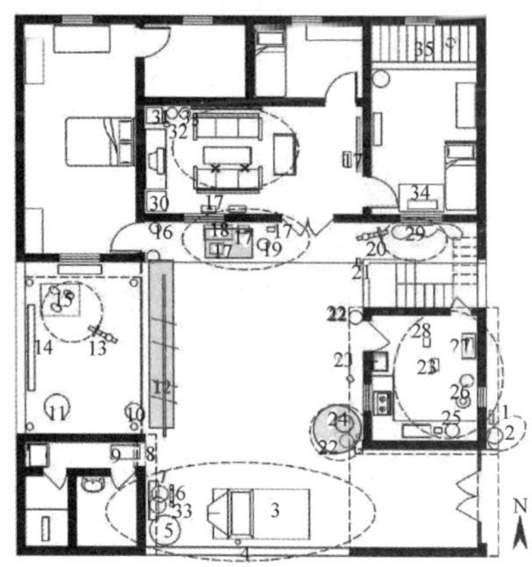

图 3.11　冬季院里物品行为分布图

1—大扫帚;2—水缸;3—农用车;4—水龙头;5—大水缸;6—木梯;7—石凳;8—门帘;9—取粪口;10—水缸;11—水泵;12—晒衣杆;13—摩托车;14—架子床;15—白菜;16—盆栽;17—小木椅;18—方桌;19—藤儿;20—扫把;21—垃圾桶;22—水桶;23—小凳;24—洗脸架;25—大馒头筐;26—煤炉;27—制面机;28—高凳;29—农具;30—冰箱;31—饮水机;32—盆栽;33—开水瓶;34—缝纫机;35—麦床;36—席子;37—小方桌;38—新制面机;39—婴儿车;40—婴儿盆;41—架子车;42—纱门;43—落粮食的管道。

注:虚线框内表示夏、冬固定的物品行为,灰色框表示夏季的防晒网。

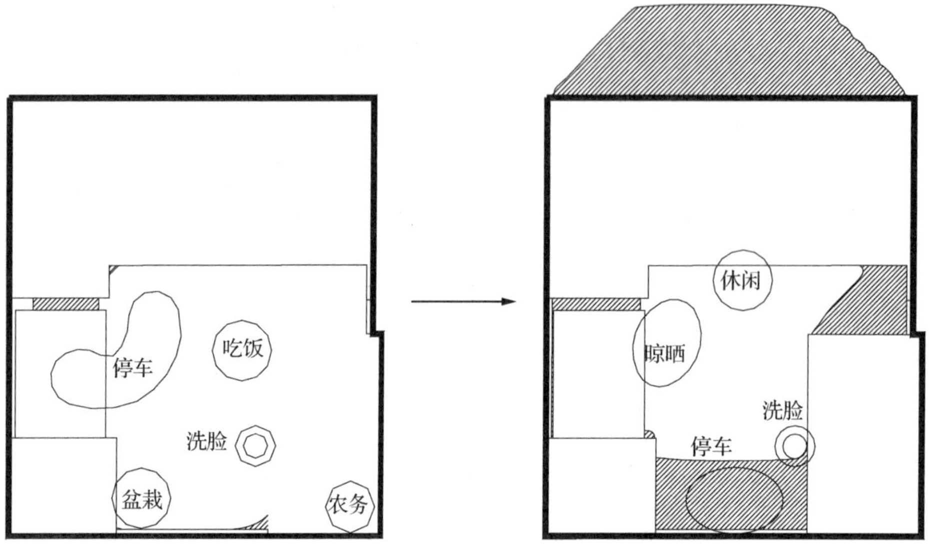

(a) 夏季日照 1 小时等照时线图和行为　　(b) 冬季日照 1 小时等照时线图和行为

图 3.12　夏季和冬季日照和行为的变化

冬、夏之间庭院西北角日照最充足的西棚区域行为变化最大,这一区域因日照充足固定设置有晒衣架,而冬季附近没有摆放东西以利于主人在此进行晒太阳活动。夏季该空间日晒较多,使用的重要性降低,故把农用车从南院墙附近移到这里作为停车之用。冬季车棚里可以接受日照的地方只放有一个小板凳,人们可以在这里晒太阳。夏季不需要晒太阳时则把原放于东北屋檐下的木架子车放置在这里,除了利用该处的空间外,还因为冬季农闲木架子车用得少,所以闲置在屋檐下可以避免遭受雨雪,夏季农忙使用较多,所以放在车棚里。此外,冬季车棚里放置的是一辆摩托车,夏季把摩托车放置在靠近门边的地方,车棚里放置的是自行车,而自行车在冬季是放置在东北角屋檐下的。这说明冬天天冷,自行车使用较少,所以放置在屋檐下储藏区;夏天自行车使用较多,放在车棚里,而摩托车使用更多,就放在门边。

其次,南侧院墙下受日照阴影影响较大的地方居住行为变化也较大。该处在冬季受院墙遮挡没有阳光,所以经常停放农用车,靠墙边的水泥台子下摆有一些花盆和水缸。夏季这里有了阳光,水缸和花盆都被搬出来,盆栽植物茂盛,具有较好景观。农用车移走后,南侧入口空间也宽敞起来,摆有几个板凳,可以在大门边进行摘落花生等劳作活动。夏天在东屋门外新增加小方桌和几个板凳,说明有时候在庭院吃饭。此外,夏天还在庭院为婴儿洗澡(图 3.13)。

屋顶在冬天几乎没有利用,在夏天却很重要。夏天屋檐下东侧的储物区物品减少了,留有更大的空间方便农忙时上屋顶晾晒。夏天观察到屋顶有花生、芝麻,是生产场所。庭院中,冬、夏固定空间物品都不变的是洗脸盆、檐下的小方桌和晒衣架等物品。这说明不论季节的变化，家庭洗脸用水的位置是固定不变的。另外，屋檐下的休闲活动虽然四季都有，但冬季在这里晒太阳休闲的活动更多。

(a) 冬季南侧院墙下停农用车　(b) 冬季堂屋　(c) 冬季灶火房门前简单

(d) 夏季南侧院墙下有盆栽，顶部有遮阳网　(e) 夏季堂屋前停车　(f) 夏季灶火房门前增加了方桌、凳子等家具

图 3.13　院里冬、夏居住行为变化情况

季侯变换对室内的影响较小，但室内行为的变化并非没有。经观察发现灶火房冬天原有两个小煤炉，夏天不使用了，增加了一个新的面条机。夏天灶房的高凳和矮凳都搬到房外，说明灶火的部分工作移到了室外进行。客厅的两排沙发距离拉开分别靠墙放置，说明会客团聚的机会减少了。当门儿的冰箱和饮水机位置互换了，因为这样冰箱开门更方便。夏天当门儿和耳扒儿的门都开着，只是耳扒儿通往室外的门安装了纱门防蚊虫。此外冬天厕所门口的门帘被取消了。

分析发现：

(1) 农历季候变化对庭院的空间和行为产生了较大的影响。农历对于农民而言不仅是一种时间概念，更是一种生活的节奏。农历的冬、夏季候不仅是太阳日照和气候的不同，还对应了农业生产的特有节奏，如夏季的“农忙”时节和冬季的“农闲”时节，甚至于对应了千百年来形成的社会生活习俗，如冬季农闲过年时的走亲戚等社交的时间节奏。

(2) 对应于不同的农历季候，居住院落的空间和行为发生了一些变化，特别是与室外环境关联密切的空间和行为变化较大。其中，庭院中阳光最充足的区域和阳光最缺乏的区域受季候影响最大。这些变化一方面说明了院落行为对于自然条件的依赖，另一方面说明了院落的庭院空间可以动态地适应环境的变化，具有很强的适应能力。

(3) 庭院的适应变化并非是随意和无限可能的,实际上变化受到各种客观条件限制。如农用车冬天只能停在南侧区域才能不影响院落的正常活动,夏天在院子装遮阳网的情况下,劳作只能选择在靠近大门边才有足够的光线,而晒庄稼只能在屋顶进行,木架子车只能放置在屋檐下或车棚里,以避免雨雪。因而,居住空间和行为的适应是必需的,但适应的可能性也受到客观条件限制。

由于村民居住行为与自然环境的关系密切,一些生活必需资源如水、柴禾直接从自然环境取得,自己种的菜和粮食作为食物,排泄物又回归自然作为肥料,从事的农业生产也依赖于自然环境,因而居住行为也极易受到自然环境的影响。经过无数次的适应实践,院落空间行为遵循了农历季候自然变化的规律,具有很强的适应性。

3.3 院落居住行为的演化

3.3.1 家具和生活设施的变化

由于院落空间的演化压缩了院落庭院的空地面积,必然影响到农民所习惯的室外生活方式。由于年代久远,民国及以前当地居住院落家具设施情况可以从研究当地居住情况的一些文献和访谈中获得。李永芳(2002)对民国及以前时期河南地区农村的生活设施和家具做出过详细的描述:

"以河南农村为例,室内的陈设中心部位均在堂屋的正中一间,也叫明间(即当门儿)。其陈设形成了一套基本相同的模式,一般都是靠后墙正中放一条几,长约6尺,宽1～2尺,比桌子稍高,条几的正中下放大方桌,即八仙桌,桌子两边摆放两把太师椅或圈椅(图3.14)。即便是特别贫穷的人家置办不起正规的条几和方桌的,也要朝后墙用土坯垒个条几,外用泥抹平整,前面放张单桌。在卧室内则是以床为主,一般农家的床是没有顶、柱的木床。……当时农家常用的家具,一般还都是木制油漆的'皮箱',以存衣服、被褥等。少数富裕家庭以及多数新婚青年开始使用大立柜。除部分大家具外,一般各家都有约一尺半高的吃饭桌,并配有小矮凳。……室内照明不少地方仍旧使用的是历史悠久的油灯。做饭、取暖大部分地区主要还是靠烧柴,其燃料在平原地区通常是农作物的秸秆、玉米芯及树枝等,在山区主要是用

图3.14 民国以前当门儿的主要家具

木柴。"①

从以上描述可知，这一时期普通农民当门儿的家具陈设主要有高条几、八仙桌（大方桌）、太师椅或圈椅等家具，耳扒儿的主要家具是木床、皮箱和大立柜，许多家庭用一尺半高的小矮桌吃饭，灶火房采用麦秸秆做燃料，使用土灶台。

土改至 1979 年后，农民的生活设施又有一些变化。孙立坤(2002)对位于驻马店市汝南县下宋村的同一时期的居住设施做了研究，因为该地邻近本书调查地点平顶山市郏县，因而对于我们研究朱洼村和张店村较早时期的居住行为状况具有参考意义。

"新中国成立后下宋村村民分到了土地、房屋，但因为房少户多，一段时期内大部分农户仍住在祖上留下来的土坯草房内，处在贫困线内，吃饭仍为第一需求，占全部花费的 75%以上，住房内的装饰装修更无从说起。每逢刮风下雨，茅屋内雨点滴哒声不断，锅盖、屋内盆盆罐罐都成了遮接屋内滴水的工具。这一时期的住房堂内以箔当墙把屋内隔开，后墙摆一张普通的木桌，木桌两边放两把罗圈椅子，后墙上大部分恭恭敬敬地贴上毛主席画像，两边贴'吃水不忘挖井人，翻身不忘毛主席'；当门也有贴'家堂'（中堂）、灶神的，灶神两边贴'上天言好事，下界保平安'的对联。除了这些对联和中堂之外，当门靠箔壁放一架纺车，房屋箔墙东间床头放一个嗡头箱（高约 80 厘米，箱下有四根支腿），箱上放一个板箱（打发闺女陪嫁的主要家具）。东间靠条格窗下放一架土织布机。有东西屋者，锅灶往往在东屋或西屋，无者锅灶往往放在堂屋的东间或西间。"②

该文描述这一时期大多数家庭当门儿均靠后墙摆条案或者木桌，两边对称摆放罗圈椅；后墙上贴有毛主席像或者"中堂"、灶神或对联。据访谈，这种家具和陈设的描述与案例 A4 的情况十分相似，只不过该文描述当门儿靠箔壁放一辆纺车，而案例 A4 在该位置放置了电动车。

1980—1999 年，农村家庭的居住设施发生了显著的变化，逐渐由传统向现代新式家具设施过渡。改革开放以后，当门儿的家具变化较大，当门后墙挂的中堂画或毛主席像大多被更大幅印制的堂画取代，后期有的家庭还贴上明星画像，传统的太师椅、圈椅逐渐被木质长条沙发或皮革沙发取代，随着坐具的降低，出现了相配套的矮条儿，与传统高条儿主要摆东西不同，矮条儿充当茶儿的作用。更为重要的是，1990 年代初期，一些家庭拥有了黑白或彩色电视机，极大改变了农民的休闲生活。同时，原来的家庭纺车等用具退出了历史舞台（图 3.15）。

图 3.15　1980 年代后当门儿主要家具

① 李永芳. 我国乡村居民居住方式的历史变迁[M]. 中国当代史研究，2002，9(4)：49－57.

② 孙立坤. 嵖岈山乡下宋村解放后 50 年居住情况变迁[J]. 河南社会科学，2002，10(6)：105－109.

同一时期,耳扒儿的家具也出现了一些变化,传统的木箱多数被立柜取代,缝纫机、写字台代替了古老的织布机。灶火房的变化不大,但对于以面食为主的当地家庭,出现了一种手动制面机。

这一时期,农民通过各种方法增加收入。对过去院里散养的家畜,利用院落空隙建起了牲口棚、舍;有的农民把传统水井改造成手压式水井(图 3.16),用水量和排水量的增多使大多数家庭铺设了排水沟,原有的污物坑越来越少。村民居住条件改善后纷纷重修大门门楼,这样在很多入口空间设置了影壁墙瓷画、壁龛等装饰,使院里总体环境改善。

2000 年后,村民的家具设施进入了一个现代化时期。这一时期,随着大批农民到城市打工,越来越多的现代家电设施进入村民家庭。

当门儿的沙发由过去的一条变为长短搭配的一组,大量娱乐休闲家电如影碟机、音响进入家庭,使当门儿需要更大的空间,饮水机取代了热水瓶,因而不用再在当门儿烧热水。

灶火房出现了煤气炉,许多农民家庭同时拥有土灶台和煤气炉,因为使用煤气炉费用高、火力小,只是偶尔使用,平时仍用麦秸秆做燃料,用土灶台烧饭和准备猪食。茅子过去是"一个坑两块砖,三尺土墙围四边"的简陋形式,新建院落的茅子外型上仿照城市厕所,但常常把洗漱与如厕分成两个房间。由于没有市政排污系统,如厕空间内部仍然使用水泥板孔洞的旱厕的形式。

许多家庭把过去手压式水井改造成电动抽水泵(图 3.17),使用自来水管输送至灶火房、院里等多个用水点,有的还在屋顶装上了简易太阳能热水器。此外,随着各地农业机械化的发展,农用机动车等工具大量增加(图 3.18)。为便于机动车进入,新建院落与室外的高差减少,院落地面也改成方便停车和打扫的水泥地。由此院里的空地越发减少,新建院里的种菜和养殖的空间几乎消失。

图 3.16　手压式水井

图 3.17　电动抽水泵

图 3.18　院落里的木架子车

图 3.19　电动三轮车

院落空间和主要家具及设施的总体变化情况可见表 3.5，在这些变化中，以当门儿和院里的变化最为重要。

表 3.5　各阶段院落主要家具和设施

各阶段院落主要家具和设施				
民国及以前		土改至 1979 年	1980—1999 年	2000 年后
当门儿	中堂画	毛主席像	印制大幅堂画、明星画像	镶玻璃的大幅堂画、明星画像
	牌位、供碗		牌位、供碗	
	太师椅	木椅	木制长条沙发	长短沙发成组
	方儿	矮茶几	矮茶几	矮茶几
			黑白电视、彩电	彩电、影碟机、音响
			热水瓶	饮水机
		纺车	组合柜、粮仓	组合柜
耳扒儿	木床	木床	木床	木床
	噙头箱、板箱	噙头箱、板箱	立柜	镶镜子的梳妆台
		织布机	缝纫机、写字台	缝纫机、写字台
灶火房	土灶台	土灶台	土灶台	煤气炉
	水缸、水盆	水缸、水盆	水缸、水盆	自来水管、水盆
	簸箕、碗	簸箕、碗	簸箕、碗、手动制面机	冰箱、电动制面机

续表

各阶段院落主要家具和设施				
民国及以前		土改至 1979 年	1980—1999 年	2000 年后
门楼			自行车	电动车
		木梯、柴禾、木料	木梯、柴禾、木料	木梯、柴禾、木料
茅子	土坑	土坑	土坑	水泥板坑
	炭灰、草料	炭灰、草料	炭灰、草料	三格化处理池
院里		水井	手压式水井	电动水泵、太阳能热水器
	壁龛、影壁		壁龛、影壁	盆栽
			灶台、小煤炉	
	小矮桌、凳	小矮桌、凳	小矮桌、凳	小矮桌、凳
	洗脸盆、铁架	洗脸盆、铁架	洗脸盆、铁架	自来水管
		排水沟、污物坑	排水沟、污物坑	排水沟
		木架子车	木架子车	农用机动车
	牲畜棚、舍、笼	牲畜棚、舍、笼	牲畜棚、舍、笼	
		菜地	菜地	

3.3.2 电视机与堂屋平面的变化

当门儿设施和使用方式的变化对当门儿空间的发展产生了重大影响。

(1) 传统堂屋当门儿受宗族文化影响，强调空间的对称与统一，并通过一系列家具和物品的配合达到一种空间被权威控制的目的。如案例 A4 的当门儿，后墙中心位置是一幅中堂画，中堂画两侧是对称布置的对联，其次，后墙边放置高条儿，高条儿前居中摆放一个方桌，方桌比条儿略矮，方桌前居中又摆有一个更小更低的小方桌，条儿、方桌、小方桌居中布置而又向前层次延伸，一直通到当门儿大门的正中，形成一条潜在的空间轴线。

为了强化这条潜在的空间轴线，方桌两侧也对称摆放两把太师椅，高条儿上居中轴线起点处还摆放有一个座钟，这条潜在的轴线迎着当门儿射入的光线一直向外，不仅使堂屋具有方向性，也使整个院落具有了方向性。而正是院落具有的方向性，会对院落组合方式产生影响，进而影响整个村落的空间肌理(图 3.20(a))。

(2) 沙发和电视的出现打破了一切，沙发让使用者坐得比以前的圈椅更加舒服，更加有利于随时坐卧休息，电视让村民获得了前所未有的视觉享受。新的生活行为必然对居住空间产生影响。电视机摆放的位置对空间的影响十分微妙，电视机最初在村落出现之时，有的家庭如果要延续旧有当门儿的轴线，电视机作为家庭中贵重之物，如案例 B4 摆放在条儿或方桌正中加强了这条轴线(图 3.20(b))，如果沙发还是沿墙摆，这样看电视时的姿势是斜坐着，比较不舒服。

(3) 有的家庭把电视机摆在方桌的侧边，从沙发上看电视虽然也是斜着看，但倾斜角度缩小，这样电视机与沙发之间就形成一条与原有中轴线相异的另一轴线。电视机和沙发的出现使当门儿产生另一条垂直于原有堂画的轴线，此时当门儿同时具有一条南北向的传统轴线和一条新的东西向的看电视轴线。但传统的当门儿的进深大于开间，新的看电视的轴线受到当门儿开间尺寸的制约使得看电视不舒服(图 3.20(c))。

(a) 案例 A4 当门儿通过条几、方桌组合形成潜在中轴线

(b) 案例 B4 电视机占据了当门儿中轴线中心位置

(c) 有时电视机摆放在中轴线侧边形成另一条斜轴线

(d) 新院落电视机和成套沙发形成新的东西向轴线，图中电视机的位置在西侧

图 3.20 院落当门儿使用变化情况实例

(4) 看电视逐渐成为家庭闲暇时的主要活动，看电视的重要性使得看电视的轴线需要更加强化。随着电视尺寸的加大，这一问题也更加突出，这样新建院落堂屋采用明三暗四的手法使当门

儿的开间由一跨变为两跨,扩大当门儿的开间尺寸后当门儿的开间甚至比进深更大,沙发和看电视的轴线超过原有轴线得到足够强化。当堂画也转移到这一主要轴线上时,原来看电视和传统轴线的矛盾消失了,原有的南北向轴线也几乎消失,而新的看电视的东西向轴线成为当门儿空间的主导轴线,当门儿的轴线发生了转移(图 3.20(d),图 3.21)。

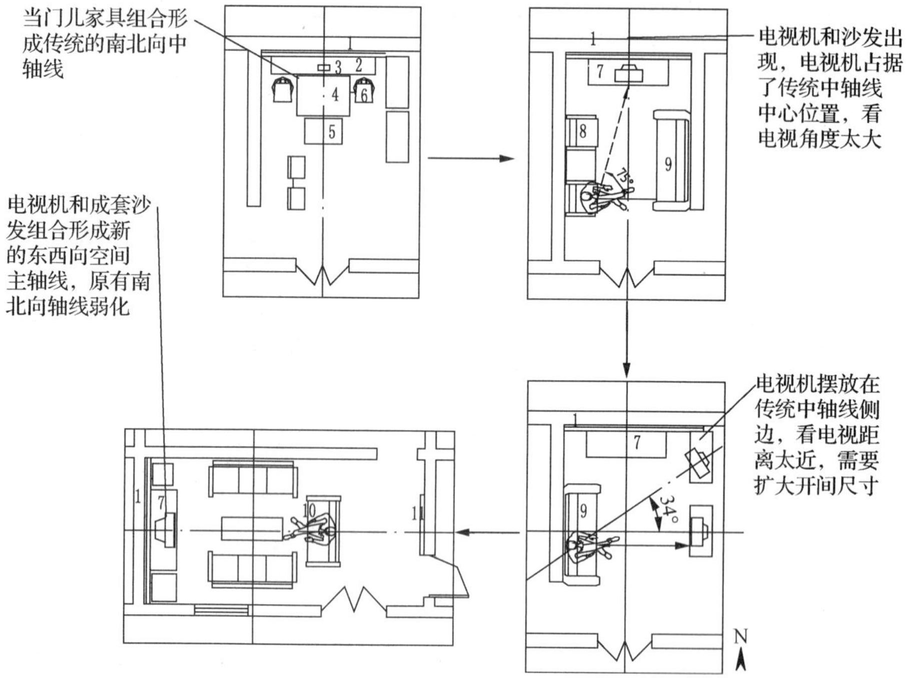

图 3.21　院落当门儿使用方式的变化

1—堂画;2—高条几;3—座钟;4—方桌;5—小方桌;6—太师椅;7—电视柜;8—木椅;9—单条沙发;10—成组沙发。

同时原来的单条长沙发逐渐变为长短搭配的成组沙发,成组沙发需要的空间面积更大,旧有当门儿的尺度无法放下,随着当门儿开间的扩大使成组沙发有了存在的可能。

这样,随着当门儿轴线由南北向转为东西向,传统宗法制度下中轴对称统一的空间演变为以沙发和电视机为标志的,以个人休闲娱乐为主的空间。当门儿空间面积的膨胀,促使整个堂屋平面由三开间单跨模式演变为明三暗四双跨双层的模式,耳扒儿也增加了空间数量和对外的出入口。

3.3.3　水泵与院里使用方式的变化

根据风水的要求，传统院落的水井一般位于院落中心偏西的位置，与灶火房往往隔开一段距离，这有利于打井并减少灶火房对水井的污染。由上文分析可知，院落中存在以水井为中心的活动圈，例如案例 A2 家，洗漱、养猪、养狗、养花、养鸡、晾晒行为都距离水井很近，此外灶火房做饭也需要从水井打水到水缸，洗衣机放置在院落入口影壁旁边是为了便于向院门外排水。可以看出，水井其实是院里活动的中心，水井周边存在着一个以水井为中心的活动空间和范围，这个活动圈的空间范围几乎覆盖了整个院里(图 3.22)。

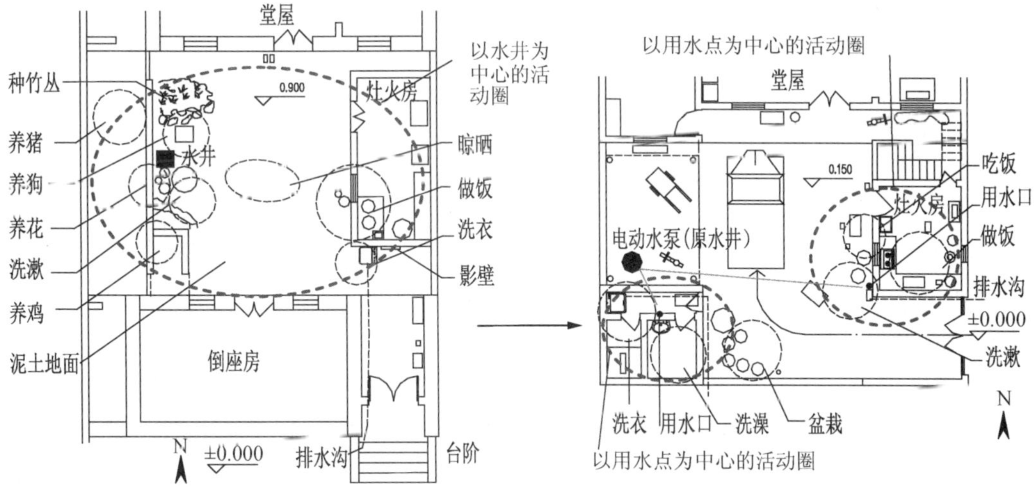

(a) 以 A2 为例，传统院落的水井一般位于灶火房的对面，院里存在以水井为中心的活动圈

(b) 以 A5 为例，新建院落的电动水泵取代原水井位置，形成以各用水点为中心的新活动圈

图 3.22　院里使用方式的变化

如案例 A5，电动水泵一般靠近院落原有水井附近便于抽水，电动水泵的出现，改变了原来院落水井的中心地位，使相关行为发生改变。随着电动水泵的出现，用自来水管把水直接输送到用水点，院里这一输水点多半与灶火房相结合，一些行为之间的关系被打破，如洗漱不必再靠近水井，烧水也不必靠近水井，原有水井周边洗衣、浇水、放盆的空间可以得到压缩。原有靠近水井的行为实际上都可以转移到室内的取水点进行，这使得院里室外活动的重要程度降低。院里的活动由以水井为中心，变为以用水点为中心，布局更加自由灵活，院里空间利用效率提高。

村落农用机动车的普及使得院落需要考虑机动车的进入和停车，以方便车辆进出。老院落多用斜坡加台阶的形式处理院落内外高差,而新院落一般降低院落地面高度。由于老院落入口转折的影壁空间使得进出车辆不方便,所以多采用更加直接的入口空间代替原来的影壁空间。同时院落原有泥土地面不利于停车和清扫,院里地面大多换成水泥硬地,这样同时也减少了种植的可能。

总体而言,随着电动水泵取代水井,使得院落空间原有以水井为中心的统一活动圈被打破,空间利用更加分散、灵活。同时,机动车的普及要求院落入口空间更加简单直接,院里的泥土地也变为硬化水泥地,院落行为更加依赖于一些物质设施,而与自然的关联度一步步缩小。

3.4 院落是如何保障私密和安全的?

3.4.1 院落的领域与标志

调查案例的院落大多数都有院墙,有的院墙仅仅是一堆砖或一丛植物,但也明确标识了自家土地的边界和权利。院墙是家庭领域的分界线,院落对外是封闭的,对内则是开放又私密的庭院生活。

院落之外相邻两家的领域划分原则是"滴水",即雨水从自家屋檐或院墙滴下,不得溅到邻居家的墙上。过去一般瓦房的滴水一尺五,院落之内,则是自家的领域,当地方言对院落内部核心部分的称呼是"院里",加了一个"里"字表明了领域意识较强(图 3.23)。

各户的院墙是家庭领域的明确界限,绝大多数为砖砌围墙、土墙,调查中发现也有少数采用树丛等植物来表示边界的,冬天这种界面比较通透,但是夏天植物茂密,私密性极佳。有的建筑带有前院倒座房屋,这种界面比围墙更为封闭。除了围墙之外,很多临路的院落在屋角或边界处设置有石辗子,风俗上相当于石敢当的作用,实际上也是一种对领域的宣示(图 3.24)。

图 3.23 相邻两家的领域"滴水"

图 3.24 院落领域标志

3.4.2　院落空间的层次序列

调查发现，朱洼村和张店村的耳扒儿等需要私密性的场所常常通过增加空间距离和层次获得较高私密性，从而达到较好的效果。实际上院落空间存在着一条潜在的空间行为序列，而耳扒儿和茅子往往位于空间行为序列的终端，通过增加空间距离和空间序列的层次获得较高私密性。

对前文的案例分析可知，虽然各案例的空间和行为表面上差别很大，如有的院落朝南、有的朝北，有的是标准的围墙围合的院落，有的是原有院落分裂产生的，但是在实际使用中，最核心的空间序列是相同的，即都具有入口门楼—院里—当门儿—耳扒儿这一个完整的核心空间序列，随着这些空间的进入越深入，空间的私密程度越强(图 3.25，图 3.26，图 3.27)。

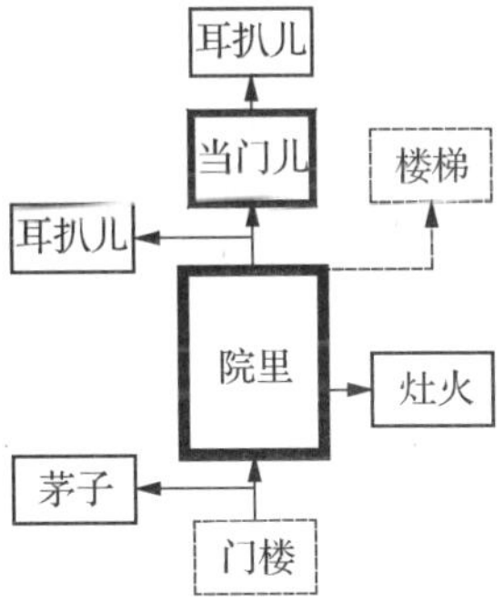

图 3.25　院落空间序列

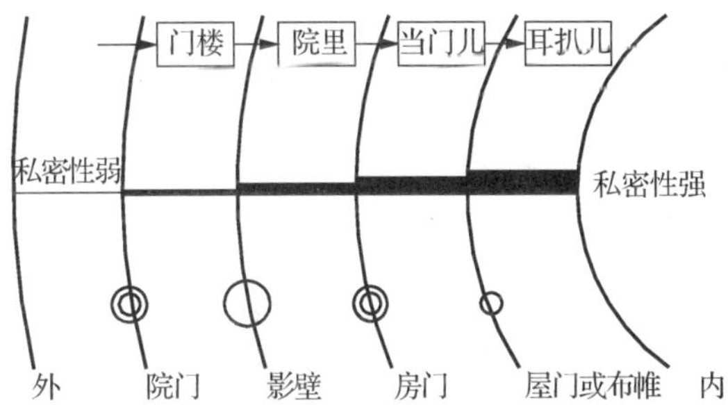

图 3.26　院落空间序列与私密性的递进关系

(a) 院门

(b) 影壁

(c) 堂屋门

(d) 耳扒儿门

图 3.27　院落空间序列的控制节点

院落入口门楼作为院落对外的开口，是整个空间序列的起点。调查发现，居民与邻居的交往，大多在院落入口进行，入口的私密程度可以控制，如有的装有大铁门，有的甚至只有一个空间，并没有门，外面人可以看见入口摆有的车辆、柴草等物品。

虽然有的院里与入口的空间相通，但进入院内更难，有的院落设有影壁，一般没有主人的允许，进入别家的院里是不礼貌的。而且院里往往养有看家护院的狗，所以如果没有主人允许，进入院里会得到警示。

进入院里空间，虽然当门儿的房门时常打开，但如果不是有一定交往关系的客人，主人是不会引入当门儿的，一般而言，被允许进入当门儿的即为家庭的客人，主人会端茶倒水招待。

有的院落耳扒儿与当门儿相连只用布帷隔开，有的甚至可以看见耳扒儿的一部分，但是主人一般不会允许客人进入，正因为如此我们在现场调查时，只有极少数相处熟识的调查对象允许我们短时间地进入主人的卧室，但即使进入，由于耳扒儿的光线一般比较昏暗，也很难拍照记录。

入口门楼、院里、当门儿、耳扒儿这四个空间序列，每一个空间序列都具有相应的控制“阀门”，如通过院门才能进入门楼，有的入口需要通过影壁才能进入院里，从院里需要通过当门儿房门才能进入当门儿，从当门儿经过屋门或布幔才能进入最终的耳扒儿。在这一空间序列之中，随着私密性逐级增加，完成了从外到内的过程。

可见，院落空间通过院墙形成家庭内外领域的标志，在院落内部采用四个空间层次序列来逐步加强空间的私密性，因而居住院落内部的私密性具有不同层次区分。

3.4.3 私密性控制方法的变化

1）院落空间层次序列实际效应减少

许多新建的院落由于各种原因缩减了原来具有的四个空间院墙序列，而采用提高院墙、大门常关的办法来保持私密性。例如案例 A5 一家，由于原有的影壁墙和空间使农用车辆进出不方便，所以新建院落的入口一般更为直接，取消了影壁墙空间这个层次序列，使得从大门直接可以进入院里，甚至对着当门儿大门（图 3.28）。

有的传统院落空间的层次没有变化，院落空间层次序列的实际效应也在变化之中，传统院落基本都是一层房，院落被四面围合，内部基本无法被外面看见，因而空间序列是无法突破的。近年随着平屋顶的出现，站在自家平屋顶上可以看见别家的庭院，二层楼房的出现也使得观察别人院落更加容易，这直接影响了“院里”这个层次的私密性，使得院落的空间序列实际效应减少了，使院落私密性降低。

(a) 传统院落房屋基本都是一层，用空间层次序列增加私密性，院落围墙较低

(b) 在新建房屋平屋顶上，可以看见邻居院里，使邻院原有空间序列层次效应降低，私密性受到影响，需要关上当门儿的大门

图 3.28　院落空间层次序列效应被降低影响私密性

2) 私密性控制方法的变化

在院落空间层次序列受到影响的情况下，院落私密性的控制方法变得更加直接，更加注重各层次的“门”作为行为过滤装置对私密性所起的控制作用。

院落大门(院门)是家庭领域对外的唯一开口，是控制领域的关键部分，不可或缺。为了保护大门，家庭的领域往往还通过大门向外延伸一部分，如许多家门口都摆有坐凳、柴草、石磨等，这是因为大门口是自家必需的进出之地，不容别人侵占，所以把大门口周边的公共区域也扩大化为自己家的领域。

过去传统院落的院门空间层次较多(图 3.29(a)、(b)、(c))，有时大门本身只是一种符号构件，甚至没有门扇，有时用一个入口转折空间表达领域的控制，并没有实际院门。而现代新建院落大门往往层次简单，空间平面化，主要靠门的关闭功能来控制，院落大门往往采用大铁门对开的形式，大门常关闭，大门上还开有单扇小门，供大门关闭时方便人员出。

调查发现，院落大门有时会关闭但极少会上锁，甚至有时无人在家也不锁院落门，这一方面是因为有的家庭在院内养有看家狗，进入院落狗会叫，动物是院落更深层次领域的守护者。另一方面更主要的是由于农民生活行为的需要，因为劳作需要时常进出院落，而且有时带有工具不方便关闭院门。例如案例 B9 的放羊老人，放羊回家后先推开院落大门，然后到灶屋去取钥匙打开自己堂屋的门(图 3.29(d))。

院落内的房屋门与院落大门有很大不同，特别是堂屋门，所有家庭只要主人外出不在院落都会锁上堂屋门，而且两代人共同居住在一个院落里时，往往互相不拥有对方房门的钥匙。因而，如果说有的院落门只是一种“摆设”，则所有房屋门都具有真实控制私密性的作用。

(a) 传统院落的空间层次多，院门本身的关闭作用弱，有些没有门扇

(b) 新建院落院门空间层次简单，主要靠门的关闭来控制，为了方便出入，往往在大铁门上又开单扇小门

(c) 传统院落有时用一个入口转折空间表达领域的控制，而并没有实际院门

(d) 传统院落院门关闭作用弱，有时是为了方便劳作，如案例 B9 养羊户常常先推开院门把羊放入院内，再到灶火房拿进房门钥匙

图 3.29　院落院门的变化

过去当门儿的房门具有特殊的多项复杂要求：当门儿门需要防盗、采光、方便出入，因而当地有的当门儿门的构造十分讲究。“十牖之开，不若一户之明”，过去的木门常打开，所以是实门板，现在门常关，又要采光，所以用玻璃铁格子门(图 3.30)。

过去传统院落的堂屋门常常使用全封闭的实木门，锁闭时则室内完全没有采光，关闭时人很少在内活动，所以常保持开启状态；而现代新建院落堂屋门大多采用带玻璃格栅的半透明门，这样即使关上门，人们在室内活动的采光也不受影响。这说明在需要关上堂屋大门保持私密性的时候，新建堂屋大门可以调节得更好，但同时由于堂屋大门所具有的半通透性，使新建堂屋门有类似“内门”的性质，安全性和私密性都不如全封闭的实木门，因而新建院落必须从院落大门就开始保持足够的私密性(图 3.30(d))。

由此可以推论，传统院落和新建院落都采用了院落空间层次的序列来控制院落私密性，但在控制方法上，传统院落对前面院落大门的控制较弱，有利于农具和牲畜的进出，更侧重于对后面堂屋大门的完全控制；而新建院落往往在前面院落大门层面控制较强，采用较封闭的大门，但对于后面堂屋大门则作为“内门”看待，新建堂屋大门可以更好地适应堂屋内的私密性需求。可见，和传统院落随空间序列层层递进的私密性控制方法相反，新建院落更趋向于在院落第一个空间层次就严格地控制私密性。

(a) 传统院落的堂屋门锁闭后室内采光受影响，家中无人时才锁闭，通常采用实木门板，私密性、控制力强

(b) 为了采光，传统院落的堂屋门需要保持开启，无法适应当门儿行为私密性调整的要求

(c) 新建院落的堂屋门家中有人时也可关闭，对室内采光影响不大，通常采用带玻璃的门，锁闭功能不强，有“内门”性质

(d) 新建院落的堂屋门有时开启有时关闭，可适应不同的私密性要求

图 3.30　堂屋门变化对私密性的影响

第 4 章　院落的空间概念和意识

谭刚毅等(2003)曾通过比较中国传统合院式住宅和近年来城乡中的新民居,发现一些居住形式和文化的恒常不变和变异的不同因素:传统合院住宅逐渐瓦解并被新民宅取代,这一过程中,技术型、服务性的形式与空间特性最具变动性,如传统合院的外形、天井、厨房位置、轴线、对称、祭祀空间位置等传统特性逐步被放弃,而与传统风水、宗教、伦理等较深层的空间观念有关的特性则较有恒常性,影响变迁的最主要力量是居住者对住宅和空间的价值观的改变。

意识是对客观事物的反映。传统村落的居住意识曾经受到历史上封建宗法思想、宗族思想以及等级方位观念的影响,在此影响之下,中国北方传统四合院形成了中轴对称、尊卑有序、内外有别的典型特征,朱洼村和张店村现存的少数地主大院一样也具有此类的居住特征。随着封建家族制度的彻底解体,村民的居住院落形式发生了巨大变化,一些传统的居住意识在目前的村民生活中已经很难寻觅,但并未全部消失,尚有一些传统的居住意识仍被保留,并影响着现实村民的居住生活和对居住环境的评价。事实上,正是这些居住意识使得传统村落的居住形态仍具有一些传统文化的特质。

4.1　泛滥的世俗风水意识

传统村落居住院落受风水思想影响极深,风水意识影响了传统村落从布局到单体院落的各个方面。以居住院落为例,民间流行的风水书《阳宅三要》总结出居住建筑最主要把握的三个部分即"门、主房、灶"(赵九峰,2011),风水意识对居住院落的控制并非只对单一的要素做出要求,而是通过控制院落主要元素及其相互关系来实现的,类似于一种整体规划原则。

按风水原则要求,若一座院落的"门""主房""灶"均在坎、离、震、巽的位置,称为"东四宅",由于坎、离、震、巽对应于水、火、木,五行相互是相生的,因而东四宅体系是吉利的;若一座宅院的"门""主房""灶"均在乾、坤、艮、兑的位置,称为"西四宅",由于乾、坤、艮、兑对应于金、土是相生的,因而西四宅也是吉利的。因此,风水相宅先看大门,次看主房,再看灶室,只要三者所在的方位相生,即在东四宅、西四宅体系之内且互不相混就为吉宅,相反若一座宅院的"门""主房""灶"的方位相克即为凶宅。

由此可见，风水原理所控制的住宅布局原则规定了堂屋、大门、灶火房相联系的一系列位置和朝向，以此来控制整个宅院的布局。如第四章第一节所述东、南、西、北四种典型朝向的堂屋对应了四种位置的大门布局模式，可以看出堂屋的朝向还是相当自由的，可以取东、南、西、北任一方位，而相应大门的位置却有一些细微的差别和限制，而且这种对应关系被相应赋予了一定的生活象征含义：

“乾宅坤门，富贵多臻，门开艮位，代代腰金。
艮宅兑门，最旺儿孙，乾坤出入，家满黄金。
巽宅震门，家出义人，门开南北，富贵骈臻。
震宅巽门，加官进丁，门开南北，平步青云。
坤宅乾门，夫妇和宁，门开艮兑，世受君恩。
兑宅艮门，家道昌享，乾坤出入，祖业丰盈。
坎宅离门，库满金银，出入震巽，百子千孙。
离宅坎门，广集金银，出入震巽，子贵孙贤。”①

以上每一种开门的方式都对应了相应的生活意义，风水通过这种先验的居住意向来加强对居住意识的控制，在农村还往往存在一些“遵循了风水原理而真实获得好处和吉祥”的案例，这些案例使风水意识更具有现实意义。

据调查，朱洼村内有一座较符合风水要求的宅院，当地人私下称其为“风水宅”。该宅院建于1970 年代后期，位于寨东南大街南侧和东寨墙内侧。从地形上看，该院本可以采用通常的坐北朝南的布局，即从西侧小路引路从院南进入宅院，这样沿街不开门，对北屋的利用可以更完整。事实上南大街南侧相邻的类似宅院大多数都采用了这种坐北朝南格局，并影响到整个街道的风貌(参见第 5 章第 4 节)。

但该处风水宅采用了坐南朝北的格局，其一是西北方向的交叉路，使其不宜采用坐北朝南的“坎”局，其二是因为其南边背靠高寨墙，“背有靠山”，若采用坐北向南的格局则不能利用“靠山”。而采用现在坐南朝北的“离”局，宅院东侧也是高高的寨墙，按照“青龙白虎”的观点，“只许青龙高万丈，不许白虎抬头望”，更在其东侧植有桐树一棵利其更高，这种做法也使建筑与周边的环境地势更好地结合了(图 4.1、图 4.2)。

宅院既采用“离”局，便严格按照该格式风水的要求，“离宅坎门，广集金银”，在“坎”位上开大门，即北面正中位置开大门，这种做法使大门洞开与南屋的门大致相对，似乎影响到院内的私密

① (清)赵九峰. 阳宅三要[M]. 北京：华龄出版社，2011.

性，然而考虑到人从门外光线强的地方看南屋的阴影内也并不十分容易。按风水要求，东屋比西屋重要，俗语有“能叫青龙伸头，不叫白虎张嘴”，本宅东屋瓦顶设灶房，虽然只有一间，却用梁露明，似乎是两开间的模样，南屋本来三开间却不做分隔，西屋未建，以凑成院落整体房间数目的和谐。这种布局，使北屋仍然称为“堂屋”，由于中跨为穿越式大门，又称为“过屋”。北屋除门屋外主要做卧房，南屋是实际上的正房，形体高大却沿袭坐北朝南的北屋做法，后墙只开小高窗。这种南墙上的小高窗又称为“高明(窗)”，因而室内光线条件反不如北屋，其内部不做分隔实际上仅作为起居会客之用。此种格局睡眠和起居的行为分离较远，与坐北朝南的宅院行为模式有很大不同。此外院墙四周与建筑都留有空隙、空地，是为了防止形成“簸箕形”，风俗以为这样会把家财给“簸”出去，遂形成现在标准的坐南朝北的“离”宅格局。

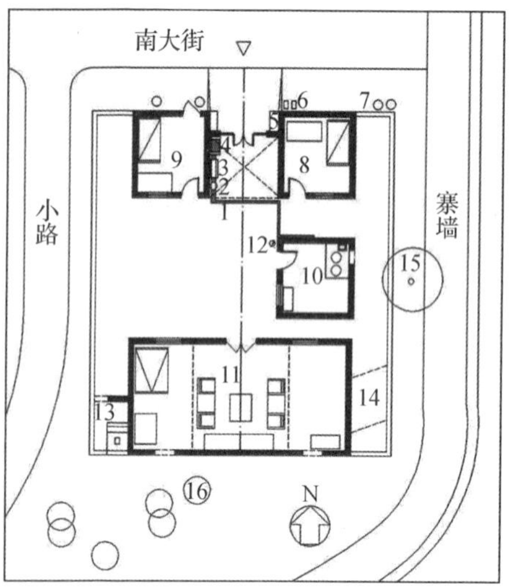

图 4.1　风水宅平面

1—圈门水；2—洗脸架子；3—木柜；4—集水坑；5—墩子；6—石碾子；7—石墩子；8—耳扒儿；9—耳扒儿；10—灶火；11—南屋；12—垃圾桶；13—大方花茅子；14—杂物棚；15—桐树；16—小杨树。

图 4.2　风水宅大门

此宅入口大门内左侧设有一个水坑，并有小水沟绕过大门直通东屋厨房，这是典型的“圈门水”做法，按风水原理水从院里出来，要绕自家门口，而不能直接流出，防止财富外流，俗语“圈门水护财发家”。实际上这样做有利于厨房的排水，而且结合水沟，主人日常用水如洗脸等位置也布置在门内的水沟边，而非院内，这与坐北朝南的生活行为是完全不同的(图 4.3)。

本宅院西南侧利用院墙与建筑的空隙布置有茅厕，茅厕通过一道门进入，称为“留梢门”，厕所砌有两级台阶，如厕后粪便通过外院墙的开口排至院外，这种做法称为“大方花”(图 4.4)，即可以大方花钱的寓意。这种做法与普通挖土坑的茅厕有所不同，更利于院内的卫生。（在张店另有一例，排向院外的污物也用池子收集起来利用。）此外，院落大门外和转角处还设有石碾子、石墩子等许多常规的风水做法（图 4.5）。

图 4.3　“圈门水”绕门口而不能直接排出

图 4.4　“大方花”使蹲坑抬高快速排出院外

图 4.5　院落转角处的石碾子有石敢当的作用

该宅院自盖起后房主人一家由贫转富，先在村里从事运输业，后来生意好到城市跑运输，现已搬到城市居住，现在的院落租给村里使用。由于靠近寨门，此宅常常也作为村里接待贵宾之用。

本案例并非为了说明风水的灵验，而只是以实例说明传统村落中风水意识的普及认可度极其广泛。然而由于风水本身的神秘，风水师的水平不一，村民对风水知识的掌握不够全面也并不深入。该例“风水宅”若没有高明风水师的指导，必然会像相邻的其他院落采用坐北朝南的普通格局，实际上村里大多数的宅院并没有根据具体的位置地势的风水要求适宜布局，而是照搬大家都知道的坐北朝南“坎”宅的格局复制，都愿意但求无错而把出入口设在东南角，并归为风水的要求。正如前文分析的，大街南北两侧开门方位的不同导致了朱洼和张店两村行为的巨大差别，这种风水知识的滥用形成了某种简单风水模式的盛行与泛滥。

4.2　方言所体现的院落空间概念

调查发现，朱洼村和张店村当地方言对于居住空间有一套通俗的语言词汇来描述，这些词汇有的不独为当地所有，在其他北方地区也有类似的说法。这些有关居住空间的方言词汇对于当地传统格局的建筑空间指代描述十分精准，若采用现代通用的建筑词汇来指代，往往还不如这些方言描述准确，因而直到现在，这些词汇仍然在老百姓日常生活中大量使用。

据《郏县志》记载和实际访谈，发现当地方言描述居住空间的主要有“当门儿”“耳扒儿”“灶火房”“茅子”等词汇，分别对应于现代城市住宅的“起居室”“卧室”“厨房”“厕所”等概念（郏县志，1996），但具体涵义又有所不同（表 4.1）。

表 4.1　传统村落居住院落与现代城市住宅的空间概念比较

比较类别	传统村落居住院落的空间概念	现代城市住宅的空间概念
	当门儿	起居室(living room)
文字含义	体现了一种与门的直接关系	供居住者日常生活活动的空间
空间关系	位于堂屋正中，以门为空间的关键	不一定位于住宅正中，大门不是空间的关键
空间特征	日常活动保持大门打开的状态，关门之后则对空间使用影响较大；没有明确的空间界限，有时用家具、布帷划分空间，空间范围较模糊	日常活动常保持大门关闭的状态，大门的开关对空间使用的影响不大，一般有明确的墙体等空间界限，空间范围明确
空间行为	空间没有明确的功能限定，有表现、冥想、休闲、坐卧、饮食、会客、储藏等多种行为	空间主要功能明确为日常生活起居功能
	耳扒儿	卧室(bedroom)
文字含义	描述了与当门儿空间之间深入的层次关系	供居住者睡卧休息的空间
空间关系	位于当门儿旁边	与起居室没有特定的关系
空间特征	与当门儿空间有密切的层次关系，空间形态进深较深，形态比例更为狭长	没有强调与其他空间的联系程度，如与起居室可以直接连通，也可以曲折连通，形态比例较为方正
空间行为	空间没有明确的功能限定，常常有睡眠、储藏、生产辅助等多种行为。但空间灵活性强，有的长期空置，有的主要是储藏功能，并没有布置床	空间主要功能明确为睡卧休息，一般布置有床
	灶火房	厨房(kitchen)
文字含义	暗示空间主要要素是灶台和柴火	供居住者进行炊事活动的空间
空间关系	脱离主体建筑独立成一个建筑	位于住宅内，与其他空间相分隔，有管道相联系
空间特征	空间以灶台和柴火为主要设施，但并不包含与水有关的主要设施，水井常在灶火房之外	有全套的炊事操作设施，包含与水有关的设施
空间行为	空间功能不完整，该空间只进行炊事做饭行为流程的一部分，没有限定炊事行为全部在这个空间进行，如有的流程在灶火房外的庭院进行	空间主要功能明确为完整的炊事活动
	茅子	卫生间(bathroom)
文字含义	描述了该空间的顶部围合材料特征	供居住者进行便溺、洗浴、盥洗等活动的空间
空间关系	远离主体建筑独立成一个建筑或半围合空间	位于住宅内，与其他空间相分隔，有管道相联系
空间特征	空间围合界面的材料常常是低档次临时性材料，简易围合，甚至是半开敞的空间形态	有全套的卫生操作设施，如排污管道
空间行为	空间功能不完整，仅提供便溺行为场所，但没有冲走或处理粪便的能力	空间功能明确为完整的便溺、洗浴、盥洗并排污

续表

比较类别	传统村落居住院落的空间概念	现代城市住宅的空间概念
	传统村落居住院落的空间概念特点	现代城市住宅的空间概念特点
空间关系	空间根据性质不同具有较为明确的空间几何模式，表现为当门儿居中，耳扒儿在侧，灶火房或呈脱离或呈远离的一种院落模式	性质不同的各空间有一定的组织联系，但没有固定的几何空间模式
空间特征	空间受主导性的物质要素如大门、灶台等影响大，空间独立性弱，相互依存性强，有的空间界线不明确，空间整体性强	空间设施完善，较少受主导性物质要素的影响，空间相互依存性弱，空间界线明确，空间独立性强
空间行为	空间使用灵活，没有明确的功能限定，有的单一空间的功能不完整，因而各空间行为相互依存度高	空间功能明确、完整，空间使用方式固定，各空间行为较为独立

例如，当地老人决不会用“起居室”来指代堂屋正中经常晒太阳的“当门儿”，因为“当门儿” 暗示了可随时朝门外看并与外面人聊天的可能性，所以邻居聊天也不会说到客厅坐坐，而会说到“当门儿”玩。调查中问有的年老村民“卧室”在哪里，竟回答没有“卧室”，只有一个“耳扒儿”，因为老人居住的暗间只有一张小床，还堆有粮仓和其他物品，有时(如农忙时)还需要把床移到其他地方，因而老人显然没有专门的卧室而只有“耳扒儿”。

当地方言对空间的指代，没有侧重空间的特定功能和行为特征，如“卧室”“起居室”等词，而是侧重于空间的结构、秩序特征，如用“当门儿”指代通常意义上的“起居室(厅)”，用“耳扒儿”指代“卧室”等。

“当门儿”体现了空间与门的关系，表达了一种利于进入的、光线较好、进入层次较浅的空间概念意向(空间进深也较浅)。当然这个靠近门的地方也可能作交通之用，但并没有限定它必须具有会客的功能，它也可能空间低矮狭小，而且这个空间不一定有明确的界限或者围合，这种概念与传统的堂屋平面是呼应的。例如 “三间两所”空间格局中间的明间，最大的空间特征就是有大门，打开大门光线明亮又叫“明间”。其与旁边相邻的暗间常常用布或家具隔开，仅有光线明暗的区别，而并没有明确的实物区分界限。过去明间正面最显著的物品往往是堂画、牌位、香炉、神像，日常生活中多用的椅子往往摆在靠门边，而现代城市的起居室很少会把会客用的沙发直接摆在大门边。如图 4.6，当门儿的生活以门为中心，关上大门则漆黑一片，而现代起居室因另有开窗，明暗与大门的关系不大。

“当门儿”的概念与“起居室”有所差异：现代居住建筑的客厅不一定是靠近大门易于到达的，有的客厅离门较远，空间层次较深，采光主要靠窗户，客厅的主要设施是可以容纳多人的沙发或椅子，有明确的使用功能，而与交通功能的联系可强可弱。由此可见，当门儿与起居室的概念存在差异，若用起居室来表述当门儿，则失去了行为中心、光线条件、与门外交流的可能性等要素，因而含

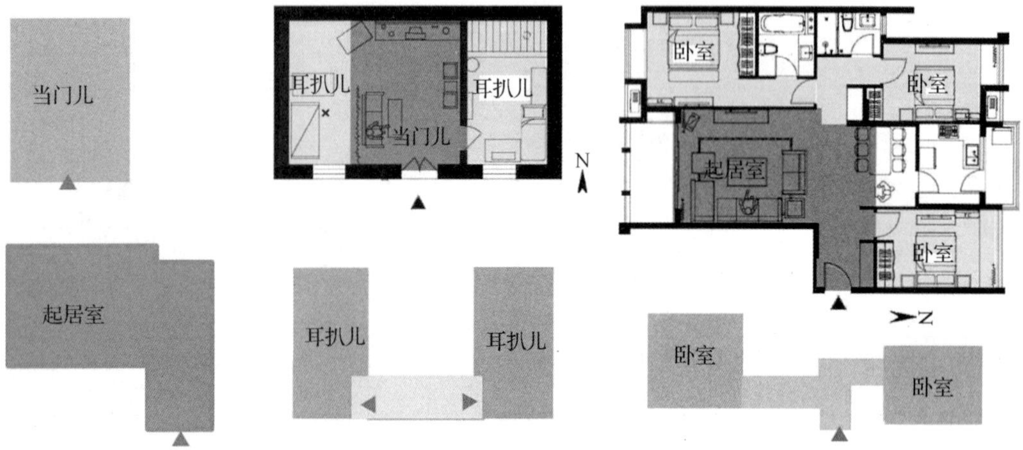

图 4.6　传统村落居住院落与现代城市住宅的空间概念比较

（左："当门儿"与门的关系比"起居室"密切；右下："耳扒儿"的进入方式与"卧室"不同）

义并不全面。

"耳扒儿"描述了空间的形态特征，此空间位于某另外空间的侧面，虽相通但独立在外，有一种隐藏、侧向进入、扁平空间的私密性意向。同样，耳扒儿并没有指代明确的空间界限，也没有限制空间使用功能。这和堂屋暗间的平面布局是一致的，暗间常常从侧面进入，从属于当门儿但略有独立。这个空间容纳了睡觉、做针线、储藏粮食等多种功能，通常，这些功能需要具有私密性。比如，自家的粮食，在特定时代是极其隐秘的财富。还有针线活，也是妇女活动的场所，具有隐秘的特性。

和"耳扒儿"的概念相比，"卧室"更强调空间主要容纳睡觉行为，并不含储藏等功能。现代建筑的卧室常常具有私密性的要求，但没有强调其他空间与卧室的侧向关系程度。如进入卧室空间的方式不一定是穿越一定空间的进入式，有的卧室可以直接从入口进入，有的卧室则与起居室有更曲折的联系。卧室主要摆放双人床，因而大多数形状较方正，但耳扒儿由于有更多功能，因而形状更狭长，耳扒儿依附于当门儿，如有的老人把床也开在当门儿。因而，耳扒儿与当门儿虽有分隔，但主要是通过空间的转折来阻隔视线，耳扒儿与当门儿的空间间隔层次少，而卧室与起居室之间的空间间隔则可以更曲折复杂、层次更多。更为重要的是，耳扒儿没有明确的功能限定，功能可变，有的暗间甚至主要是储藏功能，并没有床，或是临时性的简易床。当然，当地新建住宅有的卧室可以直接进入，甚至与堂屋没有联系、不开门，耳扒儿在新建建筑中有向卧室转化的趋势。

"灶火房"和"厨房"：灶火房的空间主要要素是灶台和柴火，并不包含与水有关的操作流程。正如调查中绝大多数灶火房只有水缸，而没有直接通水，有许多洗菜等流程是在院里完成的，有时烧火也可在室外进行，所以灶火房并没有限定炊事行为一定要在这个空间进行。厨房则应该包含所有操作流程。

“茅子”和“卫生间”：茅子描述了如厕空间的顶部围合特征，常常是简易围合，甚至是半开敞的形态特征。这与调查中老院落的形态是一致的，它仅表达了一个空间，并没有暗示该空间一定具有冲走或处理粪便的能力。现代厕所的概念则包含了空间及其完善的个人卫生和处理粪便的设施，一个堆满粪便没有处理的空间不是一个好厕所。

总体来说，当地传统村落的居住空间概念中，空间根据性质不同具有较为明确的空间几何模式，表现为当门儿居中，耳扒儿在侧，灶火房或呈脱离或呈远离的一种院落模式；而城市住宅居住概念中性质不同的各空间有一定组织联系，但不一定有固定的几何空间模式。空间特征上，传统村落的居住空间概念受主导性的物质要素如大门、灶台等影响大，空间独立性弱且相互依存性强，有的空间界线不明确；而城市住宅一般空间设施完善，较少受主导性物质要素的影响，空间独立性强，相互依存性稍弱，空间界线明确。在空间行为上，传统村落的居住空间概念中空间使用灵活，没有明确的功能限定，有的单一空间的功能不完整，因而各空间行为相互依存度高；而城市住宅空间功能明确、完整，空间使用方式固定，各空间行为较为独立。

可见，传统村落住宅的居住院落注重以居住院落为一个整体单位，空间概念具有固定的空间模式，内部各空间独立性弱且相互依存性强，单个空间没有固定的完整而特定的功能；而现代城市住宅空间概念虽然以套型为单位，但没有固定的空间模式，且注重内部各个房间的独立性，内部各空间独立性强，相互依存性弱，单个空间功能明确、完整，各空间行为较为独立。这种空间行为概念的区别实际上也体现了传统村落家庭和城市住宅家庭的区别：在农村传统村落的家庭更注重大家庭的整体性，而城市家庭比较注重各成员个体的体验和独立性。

4.3　当代农民“现实”的空间意识

4.3.1　审美传统保守

图 4.7 为村民对居住空间物质环境的评价，从图 4.8 中可以看出，村民对居住房屋的外观评价很美的占 6.6%，认为美观的占 42.6%，认为不美也不丑的占 32.8%，认为有点丑的占调查总数的 13.1%，有 4.9%的农民认为自家住房很丑，这说明总体上大多数农民对自家住房的外观评价是较为认可的。在影响外观的诸因素中，村民认为外墙贴瓷砖对美观的影响最大，其次堂屋的高度、大门、院子也很重要，而平屋顶或瓦屋顶对美观的影响不大。有村民说“顶啥样都好看，平顶也好看，

有一种红瓦的顶也不错”。这反映了村民审美意识既有喜爱“时尚”的一面,也有注重堂屋高大、大门中正、院子大等传统审美的元素(图 4.9)。

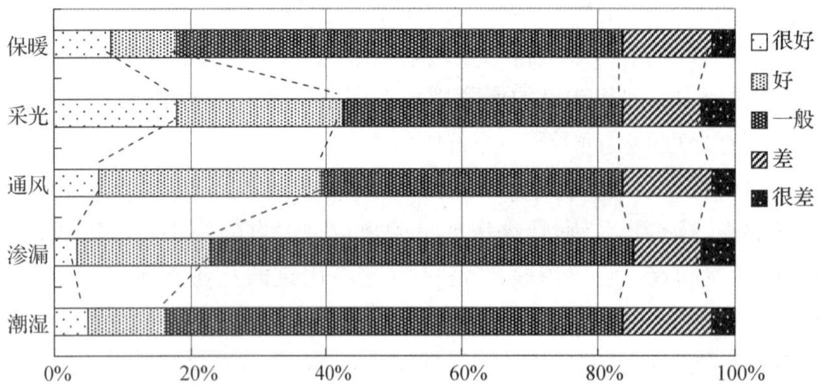

图 4.7　村民对居住空间物质环境的评价

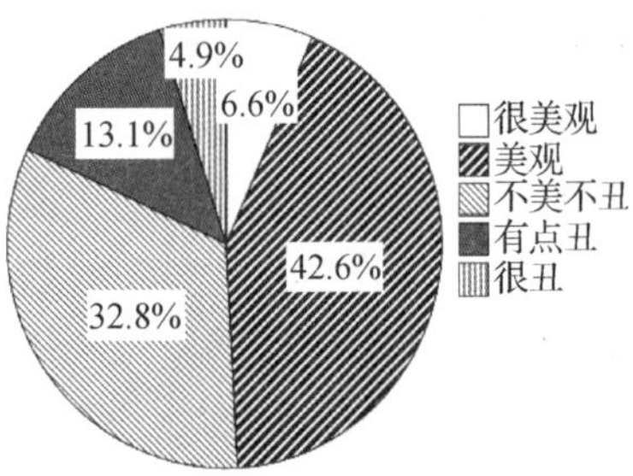

图 4.8　村民对房屋外观的评价

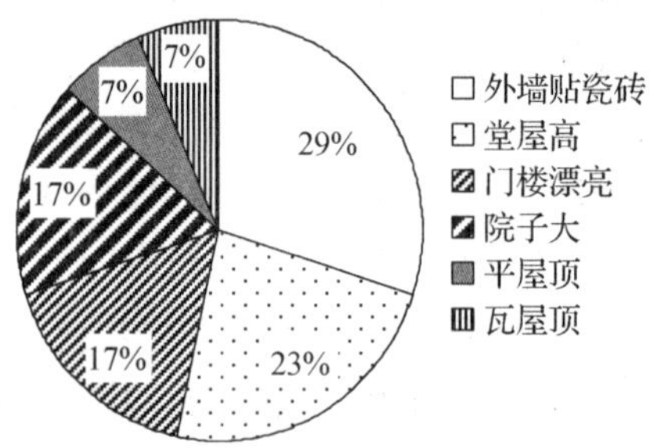

图 4.9　村民认为影响房屋外观的因素

仔细分析关于房屋外观的评价,发现土改前建造的老院落居住者多数认为自家院落美观和很美观,少数认为有点丑。土改后至 1979 年期间建造的院落一般标准较低,居住者的评价比较负面,有的居住者认为一般,部分居住者认为很丑。对于 1980—1999 年建造的房屋,各类评价都有,但以美观居多,而 2000 年后建造的院落居住者对自家院落评价并不高,一部分认为不美不丑,一部分认为有点丑(图 4.10)。

居住者的这种评价,说明村民对土改之前的传统形态的院落在审美上是认可的。由于这些被保存下来的院落大多数建造时标准就很高,一般堂屋高大,门楼中正气派,院子尺度大,细部用料讲究。调查中许多村民说起自家的老宅来兴致勃勃,例如说“俺家的屋顶上的砖上雕的啥图案都有,俺家红石做的窗棂有十三格”,对此都比较自豪。遗憾的是,这些老宅有的破旧、损坏,因而变得“有点丑”,这说明村民对传统建筑的形式有文化上的自豪感和自觉性。对于 2000 年后新建的

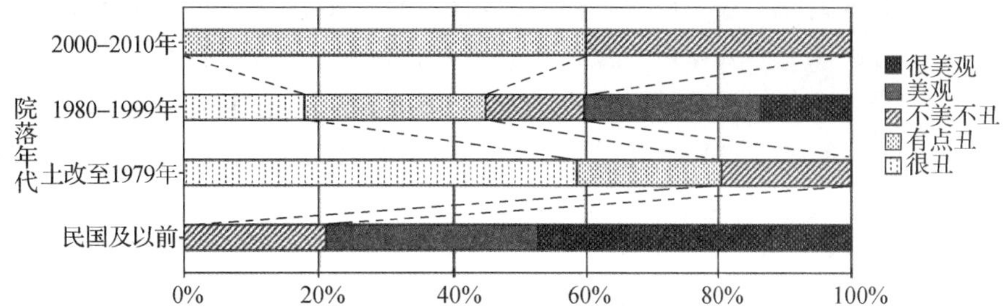

图 4.10　村民对年代不同的居住院落外观的评价

建筑，由于普遍院子较小，大门没有开在正中，有的堂屋的高度不高，但窗户很大，装饰也简单，房屋的形式没有传统的那么方方正正，与村民传统的审美观念有差异，因此村民对此评价并不高。1980—1999 年建造的房屋多数沿袭了一些传统的特征，院子也较大，较受村民好评，这说明农民的审美意识还是较为传统的。

村民往往对自己熟知的内容比较接受，对自己长期实践证实对自己无害的形式比较认可，而对外来新的形式的接受是很难的，要经过长时期的验证，证实对自己无害，除非能带来更大的实际利益才会认可。从这种意义上讲，农民本身的选择其实是偏于传统的。

例如，当地传统的墀头，俗称腿子，又称墀头墙，是中国古代建筑山墙伸出檐柱外的部分。墀头墙上部的戗檐，在河南很多地区用磨砖砌成向外出挑的弧线，档次较高的建筑还在戗檐下雕砌束腰须弥座，如张店村建于明代的西官宅(图 4.11)。近年，新建建筑上往往也利用现代材料来自发模仿这种传统造型，如张店村某处近年修建宅院的门楼处，用面砖模仿了传统的墀头造型(图 4.12)。

图 4.11　张店村西官宅(建于明代)的墀头处理

图 4.12　村民自发用面砖模仿传统墀头造型

总的说来，村民的审美意识较为传统，而且对传统建筑的形式有一定程度上的文化上的自豪感和自觉性，这使得有些建筑传统得以自然传承。另外村民对于成熟的、空间与行为已经过调和和适应的环境具有较高的评价，相反对于新的环境有一段行为适应过程，因而，村民对于新的建筑形式的接受是比较审慎的，这使得目前传统村落的村民对新式院落和新农村建筑的热情并不高，也使得我们对村落传统的延续仍然抱有一定的信心。

4.3.2 以物质和自己相适应程度为评价标准

在对居住院落总体感觉上，有 27.9%的村民对现在的居住环境很满意，有 9.8%的村民对现状满意，有 55.7%的村民认为居住环境现状一般，各有 3.3%的村民认为居住环境现状较差或很差。这说明大多数村民对居住环境现状还是基本认可的(图 4.13)。

在调查农民对居住院落最满意的内容中，有 53.3%即几乎占一半以上的村民对现有房屋的数量多、够用表示满意，其次 35.6%的居民是对邻里关系好感到满意，也有部分村民因为院子大、房间使用方便而满意。可见，居住条件现状中的房间数量和目前的邻里关系是村民最看重的居住优势(图 4.14)。

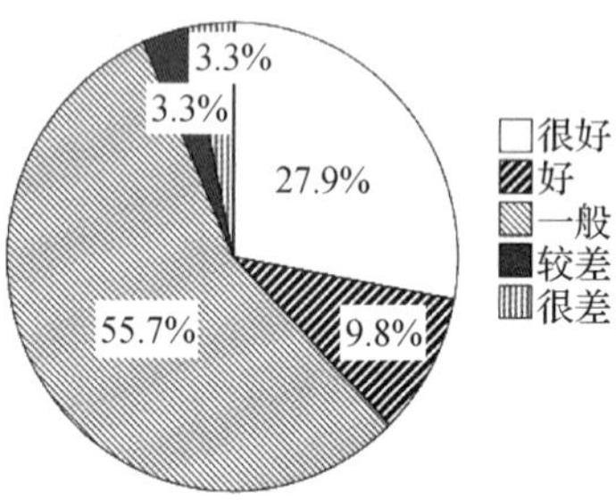

图 4.13 村民对于居住院落的总体评价

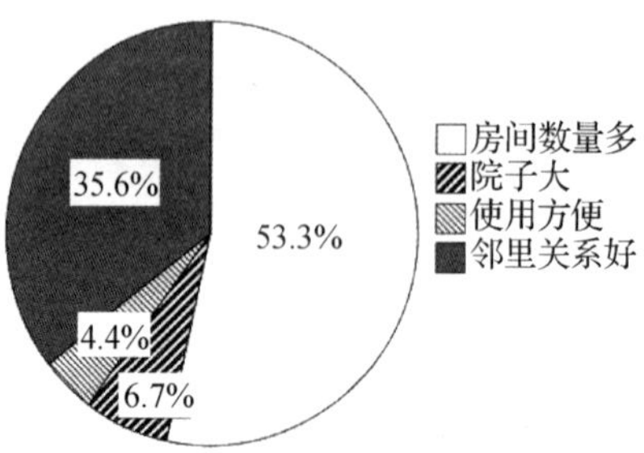

图 4.14 村民对自家住房满意的因素

很明显，村民对于环境总体评判的标准不是纯粹物质空间的好坏或空间使用的方便程度，这是因为处于较低生活水平的村民对物质条件的选择能力有限，长期以来的生活经历使他们更倾向于主动适应物质环境。因而，村民对于居住环境的评判标准并非完全从客观物质的角度，而更多的是从物质和自己适应关系的角度来评价，即一些明显的客观物质上的缺憾或不便有时候并不能引起村民对环境产生差的评价，村民对于一些自己已经适应、已经掌握和可以控制的事物更容易感到满意。例如，对于房屋的数量方面，大多数村民住宅都有预留空置的房间，村民对于这种已经适应的状态比较满意；邻里关系不是短期就能建立和适应的，好的邻里关系代表了一个熟悉而适应的环境，村民对于自己熟悉、适应的邻里关系方面也感到满意。

仔细分析对院落的总体评价发现:对于土改前建造的老院落,居住者大多数认为自家院落总体一般,有的认为很好和好,少数认为很差,这可能跟少数老宅院年久失修有关;土改后至 1979 年期间建造的院落,居住者的评价为一般、差和很差,态度比较负面;1980—1999 年建造的房屋居住评价除一般外以很好和好居多,少数认为较差;而对于 2000 年后建造的院落,居住者认为一般的较多,也有一部分人认为很好(图 4.15)。

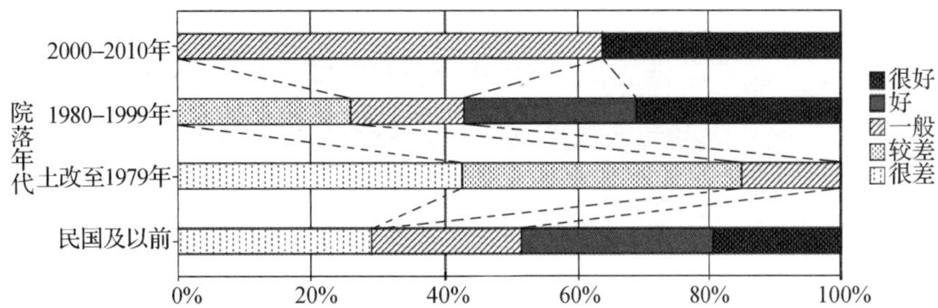

图 4.15　居住院落年代不同的村民总体评价不同

可以看出,居住者的总体评价大多数为一般,但对于 1980—1999 年建造的房屋居,居住者评价较为积极,这可能与这一阶段建造的院落平面功能等各方面的改善有关,这也说明院落住一段时间后自然演化的结果是比较成熟的,村民对此比较接受。2000—2010 年建造的院落虽然可能在建筑水平上更为进步,村民没有提出负面的评价,但生活习惯还没有完全适应,所以中性的评价也较多。特别的是关于土改之前的历史传统建筑的评价,很好和好的占比较大,这说明这一时期的院落并非想象中完全与现代生活方式不适应,相反,有一部分村民的生活与这一时期的院落空间相互适应,这给了历史传统建筑更多的信心,反倒是土改至 1979 年之间建造的一些土坯房,由于当时建设的标准就较差,已经不能适应村民的生活了。

具体而言,关于院落最满意的地方:对于土改前建造的老院落,居住者大多数选择了房间数目多、院子大,邻里关系好也是一部分;对于土改后至 1979 年期间建造的院落居住者的主要选择为院子大和邻里关系好;对于 1980—1999 年建造的房屋,居住者主要提出房间数量多、使用方便、邻里关系好;而对于 2000—2010 年建造的院落,居住者满意的是房间数量多。

这说明随着院落的演化,建造年代越早的院落其邻里关系的变化趋向于较好,1980 年以后,特别是 2000 年以后建造的院落,虽然物质条件可能有所提高,但邻里关系却变差。这验证了前文对于居住院落组合方式的变化,1980 年后,特别是 2000 年后新建住宅多采用纵向并置的组合方式,院落入口之间的关系倾向简单,改变了原有的邻里关系和社会关系,因而引起邻里关系的变化,这一点是需要引起重视的。此外也证实了居住院落演化规律,即平面分化使房间越来越多,但庭院空间越来越少。土改前老式院落的使用和 2000 年后建造的房屋的使用都没有使村民满意,老式院落的使用可能受到老式布局的影响,2000 年后建造的院落太小村民还不太适应,但 1980 年到 2000 年之间的院落在原有老宅院基础上进行改良,居民的行为基本与之适应,有部分居民提出这段时间建造的院落使用上方便满意(图 4.16)。

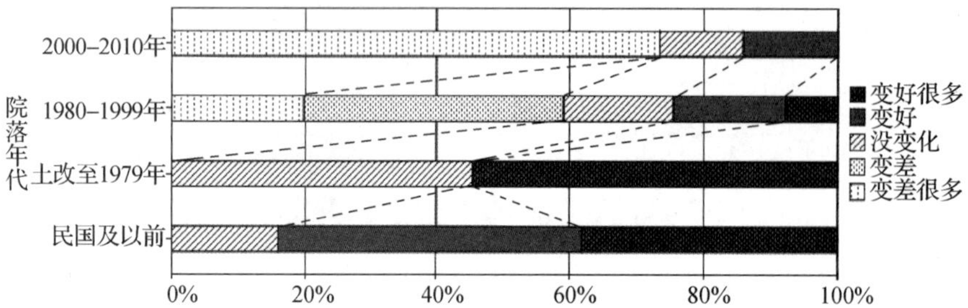

图 4.16 居住院落年代不同的村民邻里关系变化不同

总体而言,村民对于居住环境的总体评判并非完全从客观出发,而更多地以自己与物质环境适应的程度来衡量。大多数村民对目前的居住环境评价是比较积极的,一方面,对于历史上建造标准较高的老院落并非像想象中完全与现代生活方式不适应,而土改后建造的一批标准较差的老院落已经不能满足村民的生活;另一方面,对近三十年建造的新房居住者评价更为积极,这可能与这一阶段建造的院落平面功能等各方面的改善有关,但对近十年来建造的院落村民中性的评价较多,说明与村民的生活习惯还没有完全适应,这也说明院落自然演化的阶段并非与村民的感受相同步。

第5章　院落之间的关系:生长、分裂与组合

5.1　分家与农村家庭和居住空间的周期性变化

“家庭这个名词,人类学家普遍使用时,是指一个包括父母及未成年子女的生育单位”①,家庭也似乎是一个基本的居住单位。从两村的调查案例可知,在当地农村,家庭与居住院落存在一一对应的关系,体现在:一是大多数一个家庭单位单独居住一个院落(当然极少数家庭存在一户多宅的现象,而这种现象不符合当地政府的政策,政府已明文规定要消除这种现象);二是一个院落空间基本只居住一个家庭,当然,这“一个家庭”也可能包含尚没有分家的数个基本家庭,而这种情况也较为少见。

过去通常认为我国传统的家庭居住模式是大家庭合居,经常是两三代同堂,甚至四世同堂。然而长期以来在农村,实际情况却并非如此。如20世纪30年代费孝通在调查了江村的家庭情况时发现:“村中,一个家的成员平均为4人。这说明这种群体是很小的,而且这绝不是一种例外的情况,从中国其他农村地区的材料也可以得出同样的结论。中国农村家庭,平均的人数大约是在4～6人,所谓大家庭,看来主要存在于城镇之中,很明显,它们具有不同的经济基础。”

朱洼村和张店村的调查也显示:农村家庭类别中,核心家庭(指两代人组成的家庭,核心家庭的成员是夫妻两人及其未婚孩子)仍是家庭模式的主流。与此同时,单人户、一代户以及隔代户也占不少比例,家庭规模呈现出结构简单多样而规模较小的态势。

家庭规模的控制是由家庭的成长与分裂机制来实现的。从一个较长的时期来看,家庭其实处于循环性周期变化之中(图5.1)。一个家庭总免不了要经历家庭的诞生、成长到成熟,最后分家再产生新的家庭这样一个自然过程。正因为如此,家庭人口结构才可能在总体上保持一个较小的规模。费孝通从经济的角度解释道,在一定的经济条件下,家庭这个群体本身无限地扩展是不利的。因而家是会分的,即所谓“分家”。家的规模大小是由两股对立力量的平衡决定的,一股是要结合在一起的力量,另一股是要分散的力量。

---

① 费孝通.江村经济——中国农民的生活[M].北京:商务印书馆,2005:41-43.

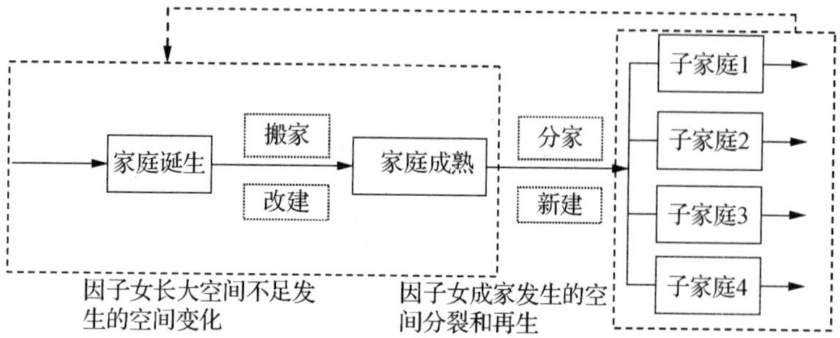

图 5.1　家庭居住情况周期性变化示意

家庭内在的这种循环性周期变化的机制必然也体现在家庭居住环境上。在家庭诞生和成长的初期,居住空间具有“聚”的特征,如年轻的父母可以与孩子同处一室,与上一代共用厨房等公共设施,院落空间显得够用。伴随着孩子成长,长大的孩子开始与家长分室居住,孩子之间也开始分室居住,此时孩子多的家庭居住环境变得拥挤,有的家庭需要在院落内搭建或者翻新以增加或改善空间。如果孩子长大成家,一个院落再也容不下数个家庭,这样有的新产生的家庭会分开,另行择地居住,居住空间呈现“分”的特征(表 5.1)。正如李斌所指出的,中国家庭的完整性只是在某一个特定时期才能得以维持,家庭的形态最终免不了被不断地分割的命运 (李斌,2007)。

5.1.1　分家是居住空间自我演化的动力

分家对于家庭居住具有重要意义。从空间角度讲,分家是家庭居住空间重新分配的过程,也是居住院落空间的使用者和使用方式不断变迁的过程,分家是家庭对于空间的特有的调节方式。分家虽然是人类家庭所普遍具有的方式,但传统村落的分家对居住院落的发展更具有特殊重要的意义。

比较起来,传统村落的分家与现代城市家庭的分家有很大不同。城市家庭分家虽然也存在着房产上的分割和继承,但城市家庭的房产除了实体继承外,还可以采用货币的方法来量化和分割,因而实体空间上的继承意义被大大削弱,分家形成的新的居住空间之间除了货币上的联系外,也大多不具备形式和空间意义上的联系。而传统村落家庭的分家是对实体居住院落的完整继承,而且分家之后的各个新家也具有空间和社会意义上的联系。

传统村落的分家与普通农村的分家也有一些差别,普通农村与传统村落虽然分家的模式相似,但有些历史不长的村落其原始家庭的历史也较短,原始家庭经历的分家次数自然也较少,因而,原始家庭经历分家所获得的改变较少,新家庭彼此之间所具有的社会和空间联系也不广。相反,传统村落的原始家庭经历了历史上的多次分家,原始家庭的居住空间本身成为历史的积淀,新分出的家庭处于村落庞大大家族的广泛社会联系和空间联系之中，这点也可以从后文分家案例中得到证实。

表 5.1　案例 A5 家的空间变化

时间	1990 年代	2000 年代	2010 年代	2010 年以后
家庭时期	家庭成立初期	子女成长期	成熟分化期	新家庭成长期
家庭人口构成	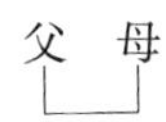	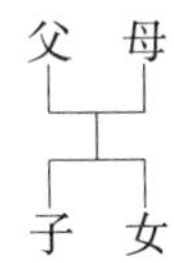	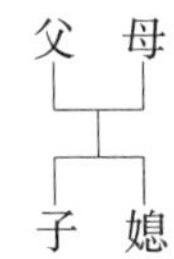	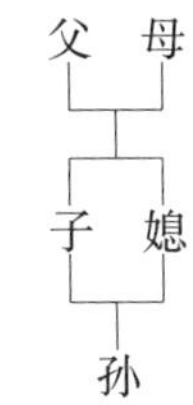
家庭事件	结婚后由临沣寨分家迁来宋庄，盖三间瓦顶砖房，厢房是棚屋	子女出生长大，拆掉原来的瓦房，建成四开间的新堂屋，暂时保留东棚屋	女儿出嫁，拆掉东棚屋，建起砖墙的灶火房和茅子	孙子出生后，在灶火房边建起楼梯，待孙子长大后准备盖成二层
院落内部空间变化	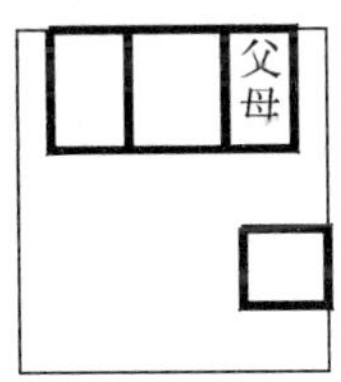	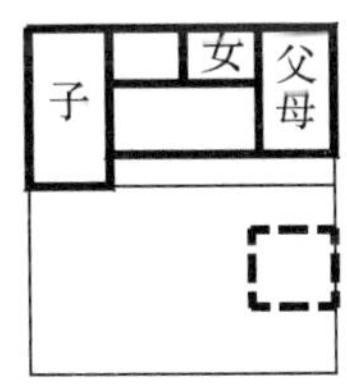		

李斌在分析了日本和中国分家制度以后，也指出在中国的农村社会中，儿子之间均分家庭财产，而不是长子单独继承。中国的本家和分家之间，原则上是平等的(李斌，2007)。实地调查发现，朱洼村和张店村分家也是按照"份"来分家的，访谈对象 B5F 说："老人不死，(房产)全是老人的，老人死了，才给孩子，(过去)是房子少，孩子多了，就抓阄选房，不论人口，只论份。现在(分家时)土地是国家的，一人一份。"可见，当地农村分家基本原则是由儿子之间平均分配，父母的老房子通常给一起生活养老的儿子继承，但是父母有义务为每个儿子准备一处结婚的宅院，所以家庭具有男丁的数量对居住状况有很大影响。家庭只有一个儿子的，过去不必再新建住宅，可以考虑老人与子女同住(极少经济条件好的家庭会为子女另建一处宅院)；有两个儿子的，往往必须多建一处宅院供另一个儿子结婚用。儿子较多的家庭，父母需要帮助多个子女新盖结婚住房。这种分家的习俗是农村新增住房的主要动力和原因。

分家是居住院落空间使用者的改变，必然引起院落空间使用和行为方式的变化。

1) 分家后使用者迁出老宅

案例 A5 老家最初住在临沣寨寨内南北大街中部南侧，为一处有主房三间和东屋的小院(为其父分家而得,目前此院已给了大伯家儿子)。后因生育有五个孩子住不下,于 1973 年在朱洼小学西靠水塘处盖了三间土房。这样,父母和老五住老院的东耳扒儿,老大住老院的西耳扒儿,新盖院的西耳扒儿给老二住,老三和老四住新院的东耳扒儿,有东屋作厨房。后来老二结婚搬出去,老四结婚搬到宋庄,小学边土房就给了老三(后来老三也在宋庄盖了新房搬出了寨子),老大去外地工作,老五也结婚在宋庄盖了新房并与父母一起居住。

这样,该家庭由原有的一个居住院落,发展成为在该村曾拥有六处居住院落,原有院落空间使用者(主体)都发生了变化,经过分家,其父母最终仍然同幼子居住在同一处,原有一处转给家族中其他人,一处仍然由儿子之一继承。可以看出,分家后,除老大去外地外,主要家庭成员虽然经过搬迁,但仍然居住在同一个新村宋庄(表 5.2)。

表 5.2 案例 A5 分家后迁出老宅的实例

时间	事件	内容	院落空间
1960 年代	继承	分家时得到伯父家临沣寨南大街南的院落	
1973 年	加建	生育五子女,在小学西又盖土房小院	
1980—1990 年代	分家	分家	
2000 年代	迁居或改建	孙子出生后,各家对院落进行了改建	

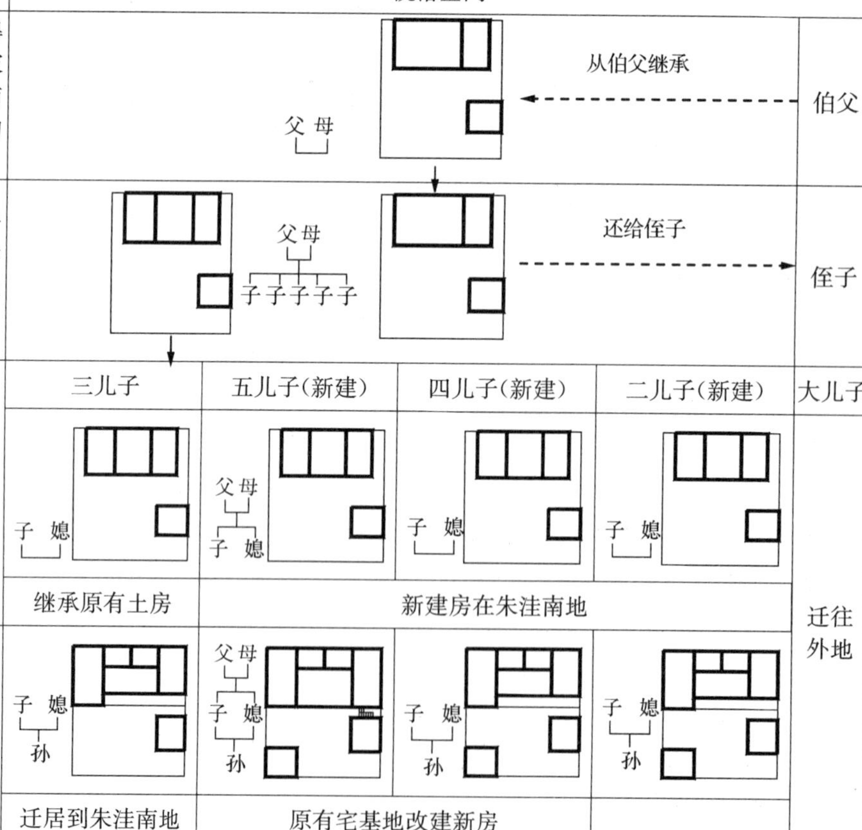

2) 分家后使用者继承老宅

案例 A2 原住在临沣寨南大街南侧车马院（祖产），现在的高门楼是其叔叔家的房子，土改时分给他后，叔叔搬到对面的高门楼老宅。在老宅，父母和幼子老四住堂屋东耳扒儿，老大住堂屋西耳扒儿，老三和老四共住南边倒座房。后来，因他素来对寨门东头的一对鳏夫老人的照顾，老人去世后把三间草房卖给他，他分给老大住，老大把该草房换成瓦顶，但近年来老大已经搬到新农村去住，该房空关。老二结婚时，A2 在靠近东寨门的大坑处，填平大坑盖了三间房给老二。高门楼老宅准备留给老三，后又买下对面的车马院准备分给老四。前几年老三、老四均在外打工，A2 夫妻暂住在高楼门，去年老三打工回来，仍然让老三住高门楼，A2 夫妻自己住车马院。（表 5.3）

表 5.3　案例 A2 分家后使用者继承老宅

<table>
<tr><th>时间</th><th>事件</th><th>内容</th><th colspan="4">院落空间</th></tr>
<tr><td>1960 年代</td><td>继承</td><td>分家时得到叔叔家临沣寨东的高门楼</td><td colspan="4">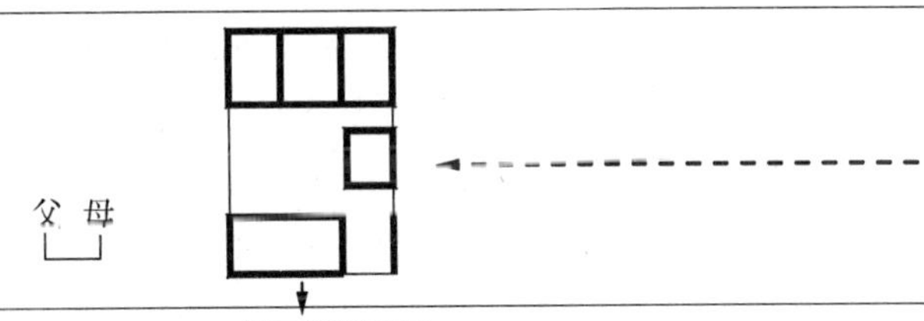

叔叔</td></tr>
<tr><td>1980 年代</td><td>改建</td><td>生育四子女后，原客房的南屋改住两个儿子</td><td colspan="4">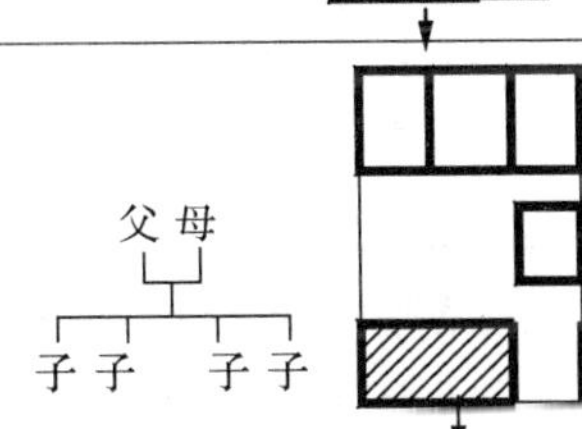
</td></tr>
<tr><td rowspan="3">1990—2000 年代</td><td rowspan="3">分家</td><td rowspan="3">分家</td><td>四儿子</td><td>三儿子</td><td>大儿子</td><td>二儿子</td></tr>
<tr><td>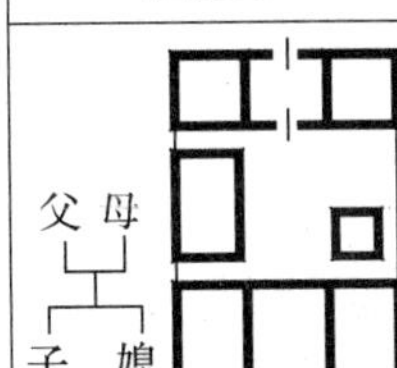
</td><td>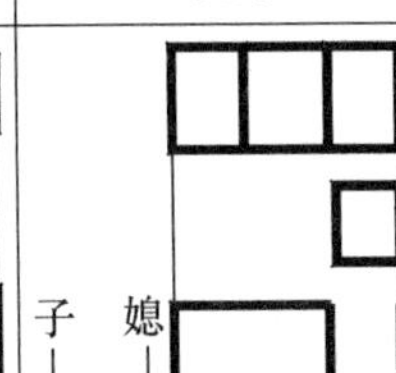
</td><td>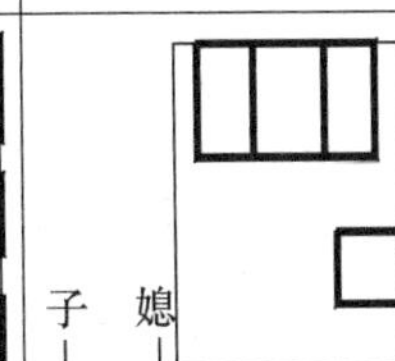
</td><td>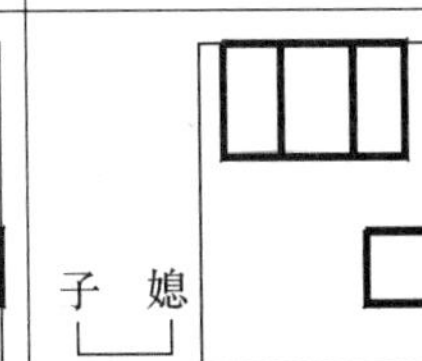
</td></tr>
<tr><td>买回街对面的祖产</td><td>继承原房</td><td>购买附近的草房翻新</td><td>填附近的大坑后新盖</td></tr>
</table>

该案例由一处老宅院发展成在村内拥有四处院落：两处新院，两处老院。老宅院的使用者（主体）都发生了改变，经过分家，其父母最终仍然同幼子居住在同一处（而该处新增的宅院其实本来就是该家族的祖产），原有宅院仍然由儿子之一继承。而且，分家后各家的居住距离仍然很近。

从以上两处分家的案例可以看出，和传统的农村社会不同的是，过去四合院的院落，几兄弟还可以分别住在东、西厢房里,现在的院落由于厢房通常不住人,所以兄弟分家必须另外择地兴建宅院。到了子女成家的年龄,随着每个大家庭分家,需要的居住院落数量逐渐增加,首先是家庭居住在寨内的蔓延,由于寨内空间的限制,后来在原寨内居住方位的基础上,向外迁徙发展,可见,分家促成了村落的扩大。

分家使家庭规模得到控制,随着子女的生长,原有院落的空间使用主体逐渐发生改变,这一过程缓慢发生并使原有居住空间容量得以释放,该空间在改变后仍然被家族继承并重新使用,分家也促使每个新增的家庭产生自己新的居住空间,而各新家的空间与原有家庭的空间具有社会和空间意义上的联系。

分家的习俗对农村家庭的居住影响甚大:

(1) 儿子从以前的家庭中分离出来,就要求必须有新房。但由于使用者的联系,使新房不可避免具有一些老房的"原始基因"。如朱洼村宋庄的一些院落与老寨内院落高度相似。

(2) 由于农村娶媳妇困难,新房主要需要符合新媳妇的要求。事实上似乎是农村未婚女性在推动住宅形式的更新,因为这些女性大多受到城市化生活方式的吸引,而不再愿意居住在老房子里,也不愿意按老样式建造新房。因此,即使家庭的其他成员感到无奈,分家仍然会使家庭居住院落发生改变:或者是外在形式更加新潮,或使得居住行为得以更现代,或要求提高小家庭的私密性。从这一点来说,可以认为分家也是积极推动院落空间行为演变的动力之一。

(3) 分家使居住院落演化的方式与居住者(使用者)相关联(图 5.2)。老院延续的使用者多数是老年人,他们习惯了原有的空间环境和行为方式;新老院拼贴的多是中年人,他们希望过一种新的生活方式;但又离不开原有的生活方式;而新院落重生的多是青年人,他们希望过一种全新的生活方式。居住院落的演化主要受到使用者自己的影响,不受图纸等外来因素的影响。由于历史文化村落的家族聚居模式,院落使用者本身具有的历史延续性,其头脑中的居住模式更受其成长经历的影响,因而居住院落不管采用哪类方式进行自我演变,院落空间都不可避免地具有历史文化的传承性。

(a) 使用者自发利用原有的传统原料作为新用途

(b) 新院落使用者试图与原有的传统院落外形协调

图 5.2　院落使用者自发的历史传承行为

(4) 分家是院落自我演化中一种不断演变、适应的动态的过程和机制，这是传统村落居住院落区别于城市现代住宅的重要特征。

由于当地对新批宅基地的限制，除新农村建设外农民择新地建新房已无可能，农村院落宅基地的继承性决定了院落的演化方式与城市有很大不同。传统村落的居住院落在家庭周期性变化的影响下，大致有三种自我演化的方式：第一，家庭分化使老院落及其主体建筑基本空间没有改变，这种情况主要存在于原有地主大户的高标准传统院落中，因为这些宅院当时用料较好，结构稳固，装修精美，所以主体建筑得以保留至今。第二，一部分历史上建造水平一般的普通院落，因主体或部分建筑已毁而新建，院落其他部分仍然保持原样，成为一种新老拼贴的形态，这是对原有院落历史传承的重要方式。第三，在老院落宅基地上全部新建院落，遗传了老院落的部分信息或者是社会关系，这也是老院落自演变的一种重要方式。

5.1.2　院落的分与合

调查对象 B2 所在的居住院落始建于明代，原来是张店村西官宅（中轴对称四合院住宅）中临街的一跨一进院落，由堂屋、东西厢房（三开间）、门楼和倒座房构成，其平面布局呈标准的传统四合院形式，如表 5.4A 所示。

民国后期，该院落的原堂屋坍塌毁坏，土改后，西官宅这一进院落分给 B2 家。原二进院落分给另一家邻居，因堂屋已毁，为方便北边后进院落的邻居从东出入，原 B2 家堂屋朝东的一部分宅基地划给了邻居。B2 家仅余东西厢房和倒座房。这样原有四合院院落经过第一次分化变得不再完整（表 5.4B）。

1980 年代，B2 家分家。大哥分得院落北边的东、西厢房和之间的庭院，B2 作为弟弟分得倒座房，并在东西厢房南端建起一堵院墙作为兄弟家的分界线，但院墙留有一道门。大哥家的出入口改在西北方向，并在院落西北搭起一座门楼，因没有灶火房，又在东厢头搭起一座灶火房。B2 因没有灶火房，在院墙处搭起一座灶火房。另外由于分得的院落面积太小，他还占据了东跨院邻居的缝隙空间作为茅房、羊棚和猪圈。经过第二次分家原有院落被再次分解，并开始侵占周边的空间空隙（表 5.4C）。

后来，由于子女在邻近矿上工作，大哥家搬走了，原有房屋留给 B2 用，面积一下子增加很多，因而他把占据东边邻居家缝隙空间的猪圈、羊棚空置了。这一阶段由于使用者的变化，分解的院落被再次组合，所侵占的周边其他空间也逐渐回缩（表 5.4D）。

表 5.4　案例 B2 家的变化阶段

第一阶段(民国以前)	第二阶段(土改时期)	第三阶段(1980 年代)	第四阶段(2011 年以后)
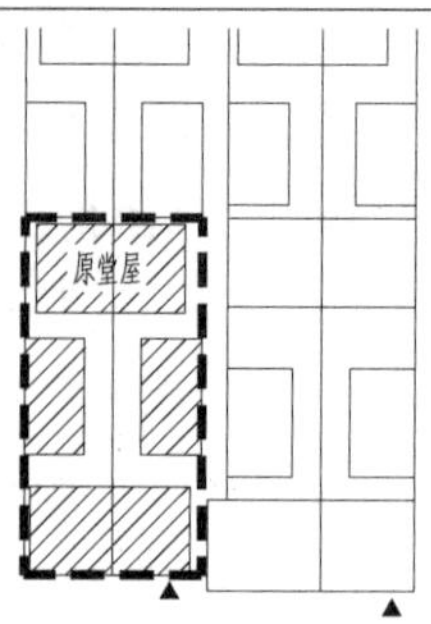	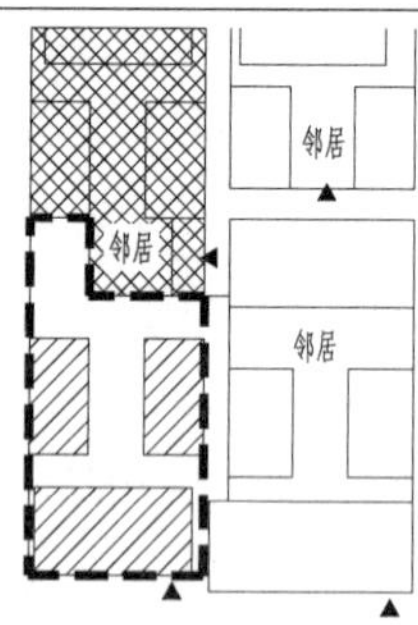	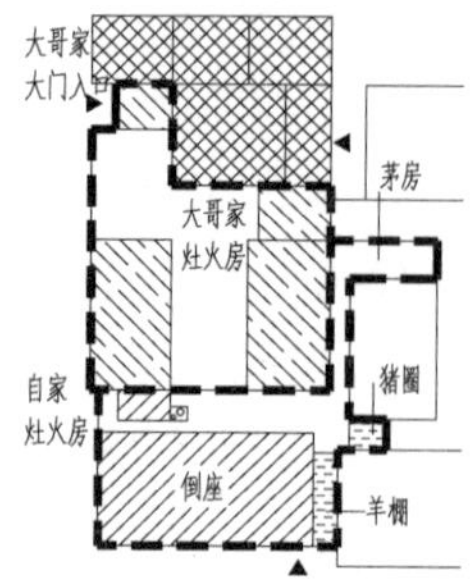	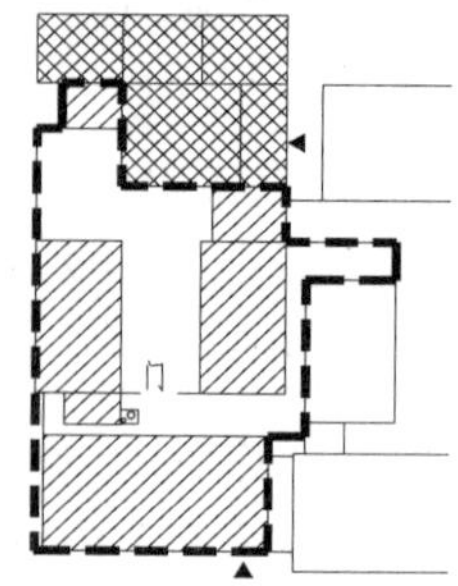
A. 原来是西官宅大宅院中的一部分。一跨一进院落,空间中轴对称	B. 土改后,因堂屋已毁,为方便北边邻居在东边开设大门,原堂屋朝东的一部分宅基地划给了邻居	C. 分家后大哥居原厢房,弟弟居倒座房,以院墙分隔,各自分设大门出入口和灶火房,但有院门相通	D. 大哥搬走,院墙门打开,都归弟弟使用,院落重新合为一体

伴随着院落空间的合并,B2 家的行为也产生诸多变化,例如,原在南庭院养的鸡现放到大哥院的鸡笼里,现在只在自己庭院准备饲料,因而庭院干净宽敞很多;原先占用邻居房屋空隙的养殖小屋也空了;而且在原先分隔大哥家的共用院墙上装了一个简易的太阳能热水器。

除了空间改变引起的变化外,B2 的家庭结构也发生了改变。原来相依为命的老伴不久前上山(去世),B2 如今变为独居,由于没有人帮忙,所以他再没有时间养鸟,原先挂在照壁上的鸟笼不见了。家里少了一个人口之后,老人的生活更简化了。客厅里原有倒置的小方桌,被放置在房中间使用,原冬天使用的大土炉,被移到后墙边,空间也显得宽敞够用了(图 5.3)。

本案例说明:

(1) 家庭的周期性变化特别是分家造成的院落空间使用者的改变促进了老院落空间的自我演变。院落使用者的改变会引起院落空间的局部改变和使用方式的变化,但这些改变没有影响老院落的整体形态,原有传统老院落经历了分化解构的过程,由于分化家庭本身具有的密切社会关系,分化后的老院落空间又存在转让合并重组的可能。

(2) 原有老院落空间的分解不是一个简单空间分解的过程,这一过程伴随着社会关系的变化,并受到社会关系的影响而具有一定的规律性。例如:兄弟分家要分设各自独立的出入口,还需要有各自的灶火房(所以过去分家有"分灶"的说法);兄弟分家虽然用院墙分隔,但院墙留有院门方便兄弟之间的来往和联系。邻居之间空间的分隔要相互照顾到大门和出入口等。

(3) 有时候一些个体居住行为并不随居住空间的改变而改变,这些基本生活的空间行为(堂上行为)具有一定的沿袭性,这可能是因为原有空间已经能够满足基本生活要求,例如本案例 B2 的

图 5.3　院落空间合并后 B2 家的变化

1—鸡圈；2—土灶；3—柴火；4—脸盆；5—大土灶；6—脸盆；7—鸡食盆；8—石槽；9—压水井；10—废土灶；11—缸；13—小方桌；14—土圈灶；15—小煤炉；16—方桌（竖起）；17—牌位；18—石条；19—柴火；20—架子车；21—猪圈；22—羊圈；23—木梯；24—绷子床；25—鸡笼。

坐卧、饮食、睡眠等基本生活行为并没有随院落空间的扩大而扩张。但是与生产相关的行为容易转移，如本案例院落合并后大哥家房间并没有被利用，而主要是利用庭院空地空间来养鸡。

调查对象 A2 所在的院落始建于清代，本是临沣寨东朱家的客房和总灶火房，原有隔墙分成内院和外客两部分，分家时属于 A2 叔叔家。1970 年代叔叔家搬走让给 A2 一家居住后，A2 拆除中间院墙，因原有灶房太大又拆除原有土墙灶火房，向东新建砖墙灶火房；1990 年又重新翻修正房屋顶，还保持了原有材料和形式。A2 后来从事养猪就利用西院墙边喂猪，茅房移到院子里，再后来子女长大再分家把该院分给老三（老三在外打工），A2 夫妇实际还是居住在该院堂屋。后来老三回家居住该院堂屋，A2 夫妇搬到街对面的大车门老四家（老四在外打工）后，院落不再养猪，但利用南屋和门屋做小生意。

调查发现：

（1）家庭的周期性变化和分家会引起老院落内部空间的改变和使用方式的改变，例如院墙的拆除和附属用房的移位，老院落主要建筑如堂屋屋顶的翻修，但这些改变没有影响老院落的传统空间形态。

(2) 家庭从业状态的改变影响了老院落的庭院、门楼、茅子等空间的使用方式,特别是老院落与生产相关的辅助行为经常处于变化之中,老院落的灶火房、庭院、茅子等空间和位置更容易被改变。

(3) 老院落内部空间的改变不仅是一个空间的变化,而是一种家庭社会关系改变的体现。

以上传统村落中老院落的演化案例显示:

(1) 家庭的周期性变化和分家使老院落的使用者产生变化,并使院落空间和使用方式发生改变,但这些改变局限于院落之内,并没有改变院落整体空间形态,说明院落形式本身具有较强的适应性。

(2) 使用者之间具有延续性和传承性,有些自发演化没有改变院落主体堂屋的空间形态和行为方式,而是使院落的局部空间和堂下行为产生变化。院落使用者的改变具有一定的社会关联性,多是家庭内部关系的变化,空间的变化和社会关系的变化相互交织适应,由此决定了老院落的演化并非是"突变",而是一种延续、局部改变或者空置废弃的方式。

5.2 院落方位与组合方式

5.2.1 院落方位

受风水意识影响,村民对于院落的方位十分讲究,通常认为堂屋朝南并从东南方位进入的院落较为吉利,但实际道路状况多样,存在从不同道路方位的入口,正如计成所说:"园林屋宇,虽无方向,惟门楼基,要依厅堂方向,合宜则立。"①

院落的朝向主要受两个朝向方位的影响,其中之一是院落中起主导作用的堂屋(正房)的朝向,即朝向东、南、西、北的堂屋;其二,入口大门也有东、南、西、北四种朝向的可能性,院落朝向与入口大门的朝向组合共有十六种可能性(图 5.4,表 5.5)。

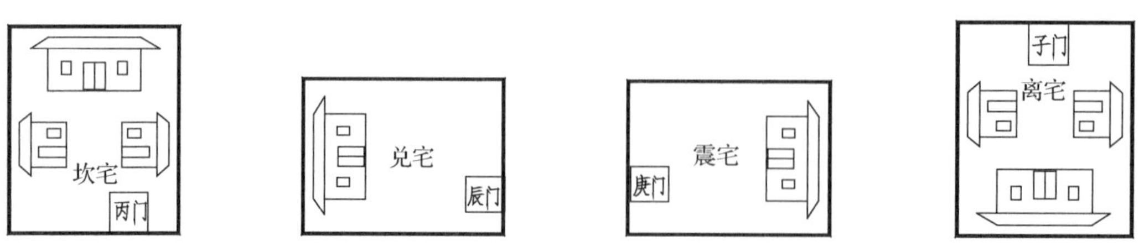

(a) 坐北朝南坎宅开丙门　(b) 坐西朝东兑宅开辰门　(c) 坐东朝西震宅开庚门　(d) 坐南朝北离宅开子门

图 5.4　风水中堂屋朝向与大门方位的关系

---

① (明)计成. 园冶注释[M]. 陈植,注释. 北京:中国建筑工业出版社,1988.

表 5.5　院落内部堂屋朝向和大门方位的组合方式

堂屋朝向	风水类型	大门朝向			
		大门朝南(D1)	大门朝东(D2)	大门朝西(D3)	大门朝北(D4)
堂屋朝南(T1)	坎宅	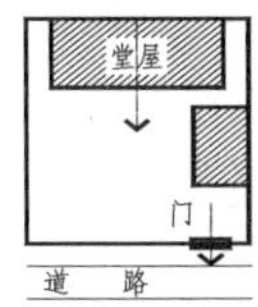	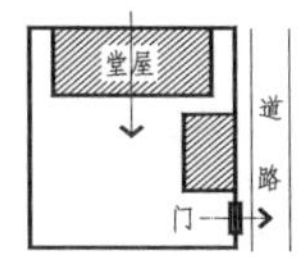	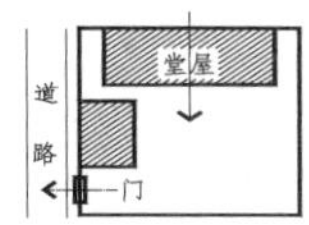	
	案例	12 例	3 例	3 例	无组合
堂屋朝东(T2)	兑宅	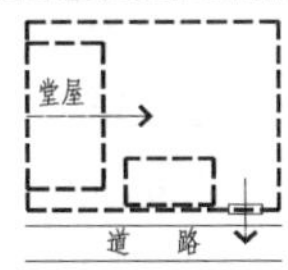	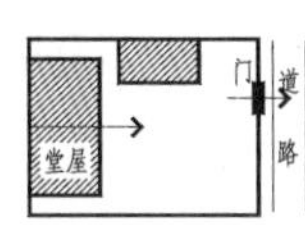		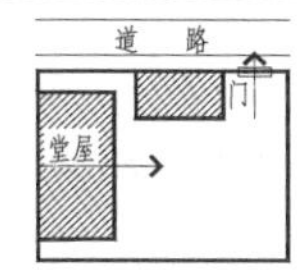
	案例	0	1 例	无组合	1 例
堂屋朝西(T3)	震宅	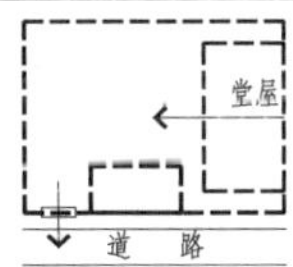		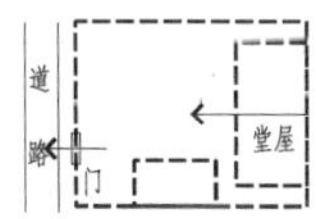	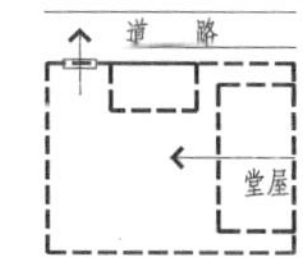
	案例	0	无组合	0	0
堂屋朝北(T4)	离宅		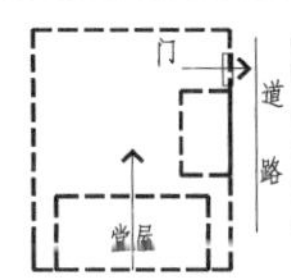	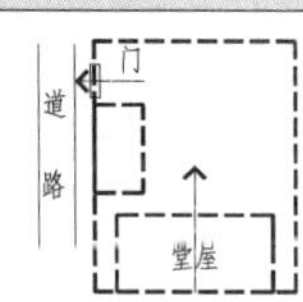	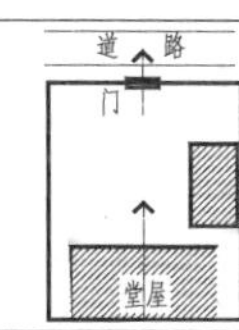
	案例	无组合	0	0	7 例

注：虚线表示较少见。

按照风水原理的要求，大多数情况下，大门的方位朝向大致与堂屋的方位朝向相一致，分别是堂屋朝南大门朝南的“坎宅”(T1D1)、堂屋朝东大门也大致朝东的“兑宅”(T2D2)、堂屋朝西大门朝西的“震宅”(T3D3)、堂屋朝北大门朝北的“离宅”(T4D4)。这样四个不同方位的大门都有相应的堂屋方位。风水思想允许院落在东、南、西、北四个方向上设置出入口，非常便于院落与四周道路的组合。

例如：如果东面也临路，则有时院落入口开在北偏东方向，此时北屋宽度受限，实际往往以西屋为主要用途房间。如张店北街某院落(T2D2)。

除了风水的解释外，对于堂屋与大门的这种组合规律也可以理解为堂屋与入口大门总要保持较远的距离，即大门入口一定要穿越一部分院落空间到达堂屋，而不能直接在堂屋内或者堂屋侧边进入。比如坐北朝南的院落大门入口不可能开在北边，相应的 T1D4，T2D3，T3D2，T4D1 四种情况不可能出现。

此外，一定条件下也允许大门的方位与堂屋的朝向相垂直，这为堂屋朝南和朝东的院落提供了多种大门出入方位的选择机会，如堂屋朝南的院落，还可以有朝东、西两个方向的出入口方式（T1D2 和 T1D3）。

5.2.2　居住院落组合的两种基本模式

院落组合方式与院落的方位有关，由第四章第一节的分析可知，对应于南、北、东、西四个方向的入口，“坎宅”“离宅”“兑宅”“震宅”这四种类型的院落最为常见，这四种最常见的院落具有纵向并置和横向串联两种最基本的组合原理，可以产生多种组合方式。从表 5.6 中可以看出，纵向并置的组合方式种类较多较为复杂，横向串联的组合方式种类较少相对简单。

表 5.6　院落的组合方式

组合方式	院落平面						说明
	坎宅		离宅	兑宅		震宅	
纵向并置组合	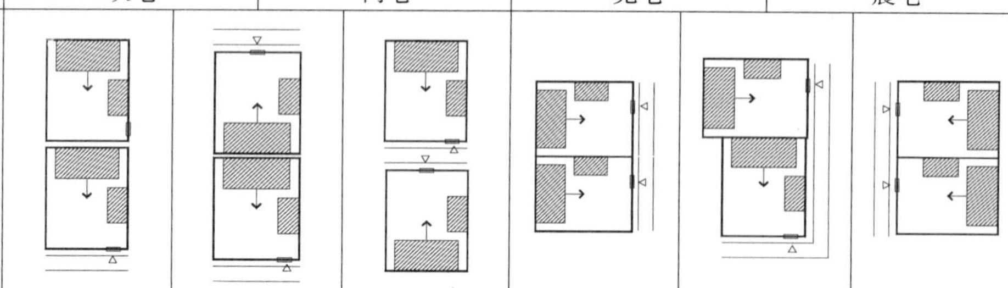						组合方式便于组合形成复杂的道路和空间
	坎＋坎	坎＋离	离＋坎	兑＋兑	兑＋坎	震＋震	
	常见于大型多进院落	南北两侧临路	多见于临街组	东面临路	西面临路	转角临路	
横向串联组合	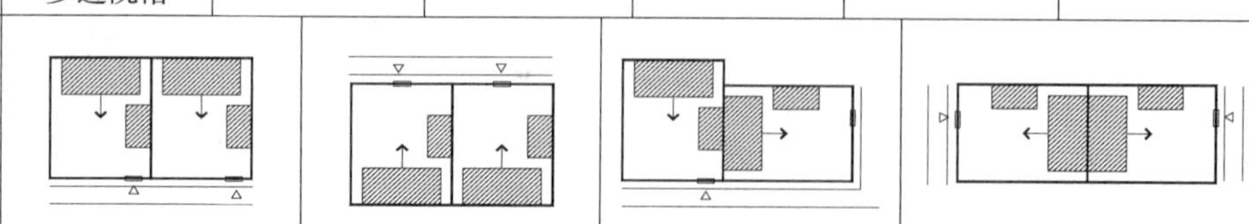						组合方式便于形成简单的道路体系，方面机动车通行
	坎＋坎	离＋离	坎＋兑	震＋兑			
	常见的南侧临路型	北侧临路堂屋易受遮挡	转角临路	东、西面临路通风采光差			

过去传统院落多采用南北方向上纵向并置的组合方式，如表 5.6 所示的两个院落纵向并置

“坎＋坎”型是传统大户人家多进院落的常见组合方式，组合后的后一进院可以在东侧另开入口。纵向并置“坎＋离”型的院落组合俗称“背靠背”，这种组合常出现在两条道路之间的地块，多是前后两家分别自发建设形成，这种组合方式由于两个院落的堂屋距离太近容易互相影响导致采光通风环境较差，是缺乏统一规划的表现。与之相反，“离＋坎”型的组合多位于街道和道路的南、北两侧，如张店村沿东西大街两侧就基本是这种组合模式，本章第四节将讨论的正是这种组合方式使张店村与朱洼村的街道空间界面产生重要差异，从而影响到两条街道不同的行为方式。此外，位于道路东、西或转角处的南北狭长地块，也可以通过“兑＋兑”“震＋震”“兑＋坎”等纵向并置组合方式来解决。

现代新建院落多采取横向串联的方式组合，最常见的是南侧临路的“坎＋坎”型，下文将讨论的正是从纵向并置的“坎＋坎”型到横向串联的“坎＋坎”型的变化，使得旧有村落的肌理产生异化。北侧临路的“离＋离”型组合也较多，但堂屋朝北采光易受影响。转角临路的“坎＋兑”型组合，其中一个院落的堂屋易受影响。此外在朱洼村老寨还发现了东、西向都是巷道的“震＋兑”型组合，这种组合的堂屋距离较近，也容易互相影响。

院落组合方式的纵向并置和横向串联两种基本模式可能与院落本身形态演化的趋势相关，一些研究认为，过去当住宅主体需要扩大面积时，一般采用纵向拼接的方式，而极少采用横向并接，似乎纵向拼接这种方式更有利于保持礼制思想所规范的内外有别、尊卑有致的空间秩序（段进、揭明浩，2009）。

在院落本身的形态演变上，第二章第五节“院落空间的压缩”中曾分析指出本地院落形态有由面宽小进深大的纵向形态向面宽大进深浅的横向形态转变的趋势。相类似的院落组合方式也由纵向并置式向横向串联式转变，两者变化趋势趋同是否存在关联还待进一步研究。但可以明确的是，纵向并置的组合方式比较适应老村寨复杂多变的支路交通体系，容易形成老村寨内复杂丰富的空间；横向串联的组合方式比较适应现代村落简单线性的交通体系。

5.3　院落组合方式影响村落肌理

为研究院落组合方式对村落肌理的影响，分别在朱洼老寨和新建的南地宋庄村、张店村老寨中心区和寨东侧的边缘区域选择了四个大小相似的街区进行分析。这四个地块街区尺度相似，每万平方米的单位面积的宅院数目都是 25 个左右。组团规模除张店中心区略大外，其余都是平均每个组团 5～6 个宅院（表 5.7）。

表 5.7 四个地块的基本情况

地块名称	位置	面宽(m)	进深(m)	总面积(万 m^2)	组团数(个)	总院落数(个)	院落数(个/万 m^2)	院落数(个/组团)
甲	朱洼村临沣寨	102	120	1.2	5	31	26	6.2
乙	朱洼村南地	118	173	1.9	8	52	27	6.5
丙	张店村老寨中部	108	170	1.6	3	40	25	13.3
丁	张店村东部边缘	133	192	2.1	9	49	23	5.4

甲地块位于临沣寨内南大街和北大街之间，东边道和中间道之间是原张家埂区域，张家埂是明代临沣寨最早开始发展的地方，保持了寨内一个较大且完整的街区形态，没有被古代大户人家的多跨院落完全占据，仅 D 组团是原朱紫云的两进宅院，其余大部分是各时期建成的普通民居，具有一定代表性(图 5.5、图 5.6)。

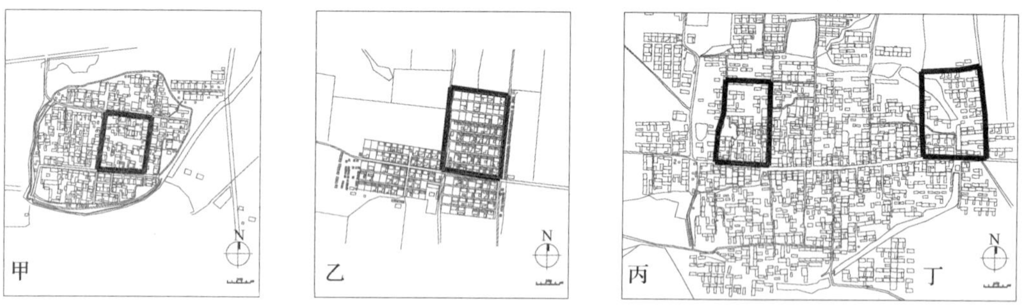

图 5.5 四个地块所在的村落位置

甲地块可以分为 A,B,C,D,E 五个组团，各组团内部以巷道为中心，最大的 A 组团由 12 栋宅院围合组成，最小的 C 组团由 3 个宅院组成。宅院较多的组团内部结合方式往往采用岛式，如 A 组团。现存朱紫云大院 D 为两进大院的纵向并置的组合方式。与此类似，可以看出老式普通院落几乎都为纵向并置的组合方式，仅后来改建的 E 组团略有横向串联的趋势。但纵向并置的院落临街往深入发展最多不超过三四进，每进分家后如果不属于一家就需要不同的出入口，因而需要从大街上开南北向的长巷道来串通纵深，可以看到北和南各有两条南北向巷道，巷道都通往中部的空地 F。可见，甲地块组团内各宅院的出入方式多种多样，内部空间十分丰富(图 5.7(a))。

乙地块是朱洼村南地解放后新建的村落区域，该街区共分 8 排，每排宅院由 8 个院落横向串联组成，宅院的组合方式只有横向串联一种，8 个宅院直接开口向每排的支路，宅院的出入方式也简单。由于组合方式的单一，新建街区布局均匀，街区内部没有空地，也没有老寨的丰富的巷道空间关系(图 5.7(b))。

(a) 甲地块

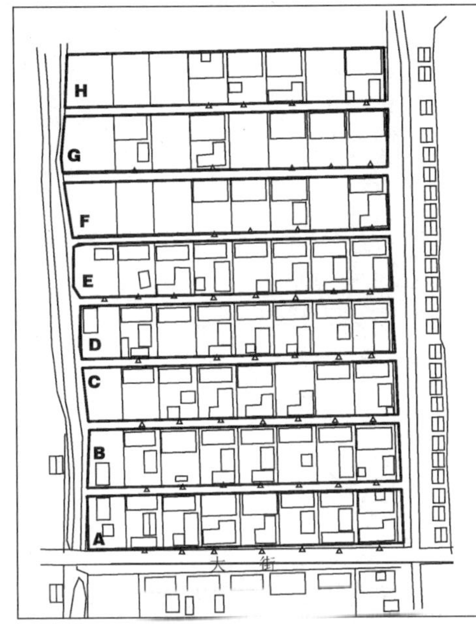

(b) 乙地块

(c) 丙地块

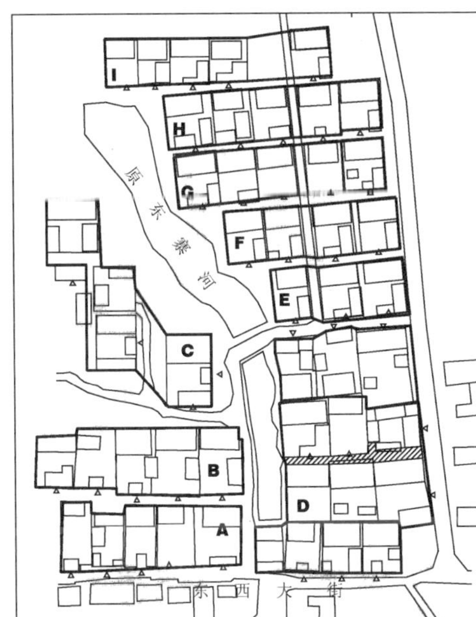

(d) 丁地块

图 5.6　四个地块总平面图

(a) 甲地块 A 组团巷道空间形态

(b) 乙地块 C 组团巷道空间形态

(c) 丙地块 B 组团巷道空间形态

(d) 丁地块 E 处空间形态

图 5.7　地块内巷道空间形态

张店村老寨内的丙地块由 3 个主要的组团构成,最大的 C 组团由 16 个宅院构成,这 3 个组团的形成年代有所差异。B 组团最为古老,主要是明清两代西官宅的残余部分,A 组团由古建筑和早期重修的部分构成,C 组团则含有一些 1980 年代后重修的院落。可以看出较为古老的 A、B 组团采用了南北巷道,宅院之间以纵向并置组合为主,组团形式类似岛式,而较为新建的 C 组团则以横向串联组合方式为主,但 C 组团内部的支路仍然具有一些变化。同朱洼村老寨类似,丙地块院落布局密集,南北方向上组合最长不超过三进院落,有些中心部位由于老建筑的衰落而留出空地。如 D 区域,还有 A、B 组团内的小径形成临街入口窄,进入后空间扩大的形象,例如 B 巷道的某段最窄处仅是两家的滴水,因而这种巷道也很容易随着居住状况的改变而改变,如有的人家可能会加宽院墙而把巷道封住。丙地块各宅院的出入方式十分多样,有的甚至十分复杂,院落的组合不仅有空间上的联系,也有社会关系的联系。如 A 组团的 5,6 两家,表面上看院落入口要从别家院落穿过,事实上这两家本来就是一家分出的兄弟,所以从院落相互穿过的现象也并不奇怪。

丁地块是位于张店村寨东部边缘的一个后来发展的区域,可以看出院落组合的方式以横向并联为主,最长 5 个最短 3 个并联成一排,单个宅院出入口直接开向每排的小路,只是在沿寨河西侧靠老寨的局部宅院组合略有变化。总体上看,街区整体空间布局均匀。

1) 老村落部分的村落肌理

由以上分析可知,传统村落中原有老村落部分过去常常被大户人家的大型院落占据,如甲地块的 D 和丁地块的 A、B。这些地块和其附属建筑多由数进多重院落构成,随着院落内部的自演化,这些院落的空间和社会联系开始分化,形成多种不同的出入口方式,但是由于这些院落过去主要靠多进之间的纵向防火巷组织交通,因而这些区域仍然延续了纵向(南北向)小巷的组织特色,但随着有些老房屋的损毁消失形成局部小空地,传统巷道空间结合了这些小空地后反而变得更加丰富,往往会形成入口窄终端扩大的袋状岛式布局,如甲、丁地块的 A、B 单元。老村落部分的院落经过自演化而分化解体,空间格局变得复杂而非均质化,往往形成袋状岛式的巷道空间,每个宅院的出入方式亦十分丰富多变,表达出一种街区长期自我更新后形成的复杂的空间关系。

此外,老村落核心区局部在院落重建的过程中,有些组合方式也在发生变化,增加了横向串联的倾向,如甲地块的 E 单元和乙地块的 C 单元,但是这些横向串联的数量少,而且多结合了其他的纵向并置的组合形式,因而空间形态与新建村落的还是有所不同,不过这种趋势已足以说明老村落的局部肌理正在异化。

2) 后发展部分的村落肌理

传统村落解放后发展的部分院落组合方式发生了变化,由老村落以前的纵向并置组合方式转化为横向串联组合方式,由此引起传统村落后发展部分的空间肌理发生了变化,空间结构变得更加简单均质化,大多数院落朝向一致并列成排,院落出入口几乎都直接通向每排的小路,体现了一种相对线性简单的空间关系。

上述传统村落肌理的改变是在没有改变院落的分布密度下发生的,如案例中每万平方米的宅院数目一直稳定在 25 个左右,这暗示着村落肌理的改变与土地利用效率没有直接的关系,而主要是空间布局形式的改变。原有纵向并置的组合可以形成更丰富的村落空间,同时也适应于复杂的社会联系。而现代村落的横向串联组合,便于车辆通行,交通效率较高,空间形态和社会联系则更为直接简单。

总之,随着传统村落院落组合方式的变化,宅院的出入口方式变得更加简单,后发展部分的村落肌理变得更加简单均质化;对于老村落部分,随着院落的自演化,村落肌理反而倾向更加复杂和非均质化,同时老村的某些重建的部分也会出现肌理的异化倾向(表 5.8)。

表 5.8　四个地块组团单元的肌理分析

名称	组团	院落	堂屋	道路	备注
朱洼村甲地块A组团		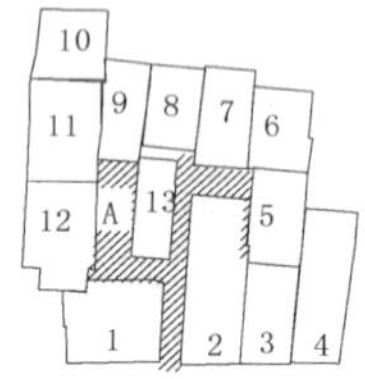		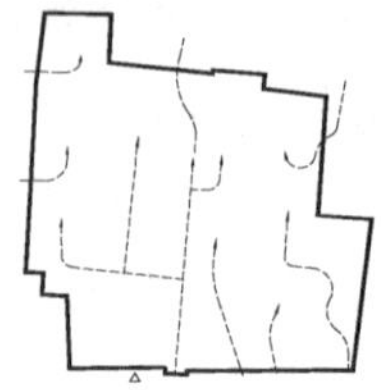	院落演化导致堂屋体量差别大，形成空地，入口复杂，利用防火巷作为支路，不直接穿越组团
特点	位于该村最早发展的普通院落区域	多采用纵向并置组合	体量有差别，布局均匀但不规则	支路分叉复杂，入口方位多，有的需要从邻院穿越	
朱洼村乙地块C组团	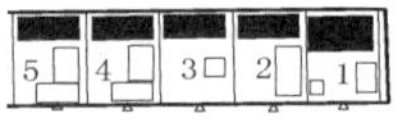	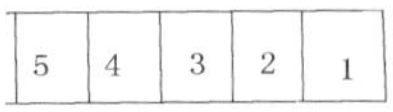			布局简单、规则统一
特点	位于近代新建区	横向串联组合	体量相似，布局规则	支路为简单直线型，入口方位统一	
张店村丙地块A组团		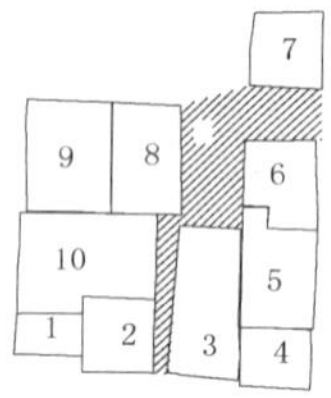		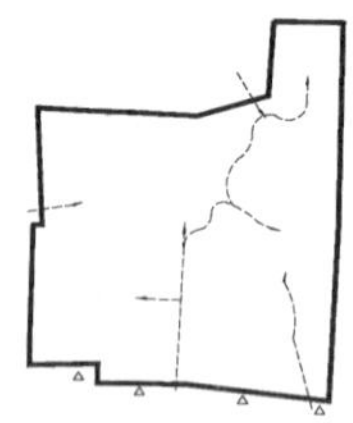	院落演化后堂屋体量相似，形成中心空地，布局较规则，利用防火巷作为支路，穿越组团
特点	位于该村较早发展的大户多进院区域	纵向并置组合	体量相似，布局较均匀但不规则	支路分叉复杂，入口方位多，有的需要从邻院穿越	
张店村丁地块D组团	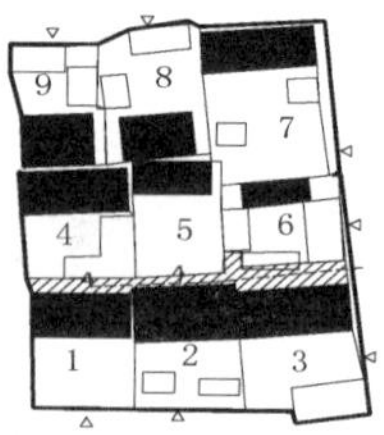	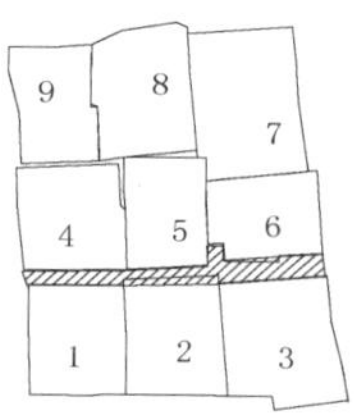		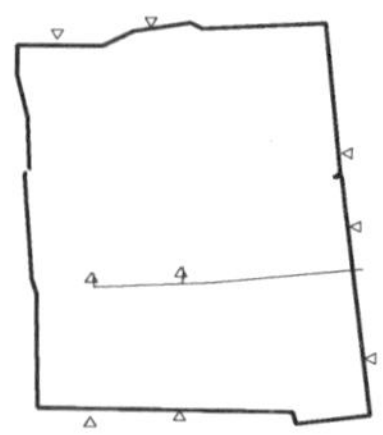	布局采用两种方式，结构规则，形成一条支路
特点	位于该村新、老结合处	横向串联和纵向并置"背靠背"型	体量较大，布局不均匀	支路不分叉，入口方位规则	

5.4　院落组合影响村落街道领域意识

5.4.1　街道空间和界面

朱洼村和张店村的主要街道仍然位于老寨,对朱洼而言最重要的街道是朱洼南大街,街上分布有西端头的关帝庙、烤烟房、学校,中部的小卖部、大队部,东头的开发办等公共建筑。张店村最重要的街道是东西大街,东西大街东寨门附近建有黑龙庙和戏台,街道中部有牌坊和祠堂,西寨门外有两棵大槐树,街上还有大量的商业设施。

试把两村的主要街道做比较,如表 5.9 所示,长度方面,朱洼南大街的长度较短,但考虑到朱洼临沣寨的规模较小,张店老寨规模较大,两村街道的长度与各自村落的规模相适应,两者还是具有可比性;宽度方面,朱洼南大街和张店东西大街的街道宽度较为相似,平均都为 8 米左右,每两个支路节点间的平均距离,即街区的平均长度也较为相似,朱洼为 83 米,张店为 78 米。

表 5.9　朱洼村和张店村主要街道情况

街道名称	长度(m)	宽度(m)	主要节点数	北侧门数	南侧门数	非居住院数量
朱洼南大街	250	8	3	16	7	4
张店东西大街	550	8	7	47	39	23

两村街道的差异在于,朱洼南侧开门数目与北侧开门数目的比值约为 0.44,张店村南侧开门数目与北侧开门数目的比值约为 0.83,这说明虽然两村街道南侧的开门数目都少于北侧的开门数,但张店东西大街南、北两侧开门数目差别不大,而朱洼村南大街南侧开门数目却比北侧开门数目少一倍多。这提示着朱洼村南大街南侧的院落朝向类型与北侧的有所不同,与张店村东西大街南侧院落的朝向类型也有所区别。此外,张店东西大街非住宅(主要指商业设施)数量约是朱洼南大街的 5.8 倍,显然,这并非纯粹是因两街长度的差别引起的。

以上两街存在差异的原因在于大街南北院落朝向的组合不同,正如本章前文述及院落组合方式时所揭示的,朱洼南大街北侧多数是原有的老院落,采用了最典型的坐北朝南的院落形式,街南侧有许多新建的院落,这些临街院落也采用了坐北朝南的院落格局,堂屋背对大街,其院落入口不朝向大街而是在院落南边。由此造成大街南侧的开门数目减少,对大街而言,只有北侧布置有大门和出入口,街南侧新建院落则是封闭的北后墙,街道空间的界面变得更为封闭(图 5.8(a))。

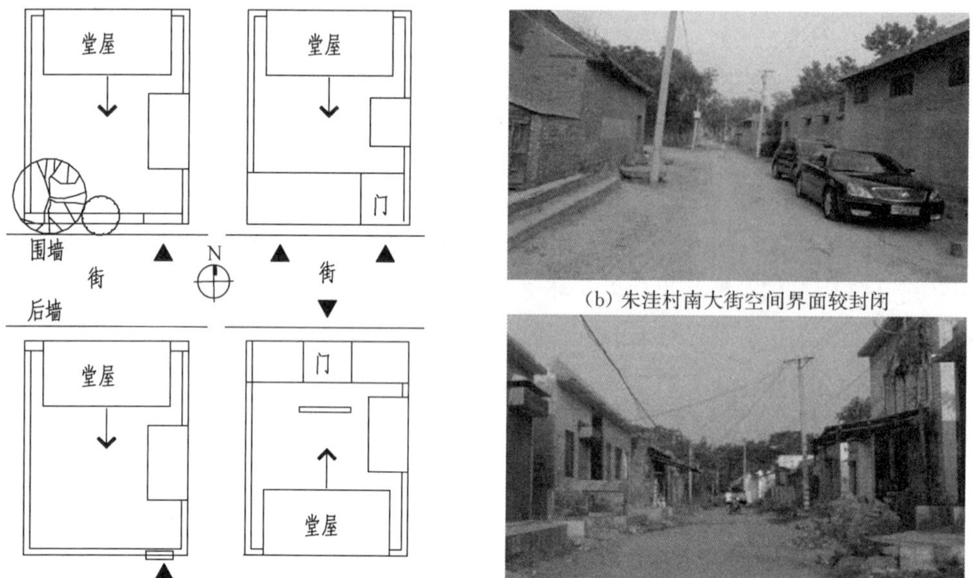

(b) 朱洼村南大街空间界面较封闭

(a) 左:朱洼村南大街两侧院落组合方式
右:张店村东西大街两侧院落组合方式

(c) 张店村东西大街空间界面较开放

图 5.8 朱洼村和张店村街道界面情况对比

张店村东西大街的北侧院落同样采用坐北朝南的格局,而大街南侧的院落多采用坐南朝北的院落格局,这样大街南北两侧院落的大门都开向大街。只不过位于街南侧的院落大门往往开在院落中部,不与街北侧的大门直接相对。随着历史演化,张店村沿街的院落组合模式,有出现院落和临街屋分离的趋势。有的临街的倒座房单独发展起来,并在空间和产权上与原先依托的院落隔开,有的成为单独的门面房,朝更加商业化的方向发展。而朱洼的模式由于南侧堂屋临街就没有这种可能性,后文将分析朱洼村、张店村两村临街空间界面的差异直接导致了街道行为的差异。

显然,由于临街院落组合方式的不同,不同街道空间两侧的界面出现差异。直观而言,朱洼南大街长度较短,南侧建筑大多数不向街道开口,街道空间封闭呆板,没有商业氛围;而张店村东西大街较长,沿街南面建筑也向街道开口,街道两侧空间形态开放,形成了商业氛围(图 5.8(b)、(c))。

5.4.2 街道行为及其差异

朱洼村南大街和张店村东西大街的空间差异,也表现在街道物品分布和街道行为的差异上(表 5.10,图 5.9,表 5.11)。

表 5.10　朱洼村和张店村两街道物品分布情况

居民类型	物品类型	物品	朱洼临沣寨南大街				张店老寨东西大街			
			场所位置				场所位置			
			东段	中段	西段	小计	东段	中段	西段	小计
居住者	生活必需品	台阶(台坡)	2	1		3		6	6	12
		棚子				0	1	8	3	12
		堆柴草	1	7		8				0
		堆砖瓦	1		1	2	4	3		7
		井	1			1	1	1		2
		摩托车	5		2	7	1	8	1	10
		三轮车	1		1	2	2	4	1	7
		汽车				0		2		2
		木架子车	2	1		3		2		2
		商品	1	1		2		7	3	10
		晾晒衣物	1			1				0
		小计	15	10	4	29	9	41	14	64
	非必需用品	石台子	1			1	2	2	1	5
		石碾子	4	8		12	2	1		3
		石条	1		1	2	1	2		3
		椅子等坐具				0	1	3	6	10
		种植	1			1		1	2	3
		小计	7	8	1	16	6	9	9	24
		合计	22	18	5	45	15	50	23	88
非居住者		商品	1			1	1			1
		三轮车	1			1				0
		小汽车		2		2	1			1
		机器		1		1				0
		合计	2	3	0	5	2	0	0	2

1）街道物品的对比分析

调查发现，朱洼村南大街最多的室外特征物品是石辗子，共计有 12 个石辗子。这些石辗子有一半正对别家的大门或正对别家的屋角，一半分布在屋角与路口交界处，在屋角与大路交界处往往还同时布置 2 个，可见石辗子的作用是石敢当的作用。此外，还有两处的门边布置有 2 个石条，也是门神或石敢当的作用，是划分领域的工具。其次数量较多的物品是柴草堆，堆放在路边，还有的在大门边堆有柴草。此外有一户人家具有台阶，朱镇府外路边摆有维修施工用的机器(图 5.9(a))。

张店村沿街最显著的特点是有 11 家搭出了简易棚子占据了街道空间，主要分布在中部和西部。其次是因为建筑入口与街道有高差，所以有 12 户家庭采用几级台阶的办法伸入街道空间，为了便于车行，大多数采用坡道加台阶的形式，在靠近门边往往还设有 2 个竖边墩，这种台坡形成街道与建筑的过渡。

相比之下，张店的户外椅子和石台子较多，石辗子作为石敢当的很少，仅有对着道路的两处。张店村对公共领域的划分更加明确，公私之间领域的划分更为清晰，所以为了占据公共空间，必然要搭出一部分明示，以便在这部分里放私人物品。张店东西大街不繁华地段，街道与建筑间隙有的种有树、草，布置有花台子，更类似于城市街道的形象(图 5.9(b))。

(a) 朱洼街道两侧通过柔性的石碾子和柴草占有空间

(b) 张店街道两侧通过刚性的台阶和棚子占有空间

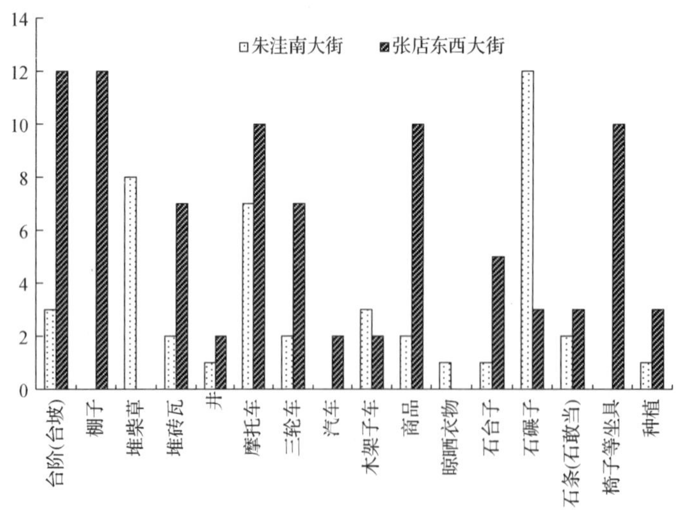

(c) 两村街道物品特征的比较

图 5.9　朱洼村和张店村两街道的物品情况

由以上物品分布可以看出，朱洼的村民倾向于利用石辗子、堆柴草等柔性的象征性方法来占用街道空间，而张店则倾向于利用棚子、台阶等实物性的刚性手段占用街道空间。这也体现了两村经济产业发展上的差别：朱洼村农业较发达，有很多石寨子和柴草，而张店村的产业较为多元，农业产业比重已然不大，因而很少堆柴草，反而用椅子和堆砖瓦等城市化的生活用品占用空间。街道物品类型的不同，反映了村落产业发展的状况和随之而来的行为差异(图 5.9(c))。

2) 街道行为的对比分析

调查发现(表 5.11)，对于朱洼南大街，生活必需的通行行为是最多的，包含本村通行人员和外来通行人员，这主要是因为村小学设在老寨内，寨外的小学生上学放学都要经过南大街；其次南大街上的工作人数较多，主要是因为南大街东边的几户人家经常在大街上修理自家车辆；此外，临街的这几户人家傍晚也常在街上散步、交谈，有本寨的人员经过大街，外来的人员参观朱镇府的也较多；还有少数人在街上吃饭、打扫卫生和外来摊贩来推销商品，没有在街上下棋的行为。

表 5.11　朱洼村和张店村两街道行为情况

居民类型	行为分类	行为	朱洼南大街				张店老寨东西大街			
			发生场所				发生场所			
			东段	中段	西段	小计	东段	中段	西段	小计
居住者	生活必需行为	吃饭饮食	2			2				0
		洗涤打扫	1			1		1		1
		工作修理	3		4	7		3		3
		买卖	2			2	3	5	2	10
		通行	3	2		5	5	13	3	21
		小计	11	2	4	17	8	22	5	35
	休闲行为	交谈	4			4	3	18	2	23
		下棋				0		16		16
		游戏	3			3		4		4
		散步、闲逛	6			6	3	10		13
		合计	24	2	4	30	14	70	7	91
非居住者		买卖	1			1	1	1	1	3
		游览		6		6				0
		通行		11		11	2	3	14	19
		合计	1	17	0	18	3	4	15	22

张店村大街上交谈的行为最多，其次小学生上学也要经过大街。因而通行人员也较多，由于东西大街是交通要道，因而穿越大街的外来交通人员也较多。除此之外，张店村大街上有固定下占山棋的老人，散步、休闲的老人，做生意的商人，这些固定活动人数较多。这说明这里不仅有住在大街的居民，也吸引了村内其他地方的村民来活动，显然，非生活必需的活动量约是生活必需活动量的 3 倍，张店村的大街更有活力。大街上也有少量的儿童游戏、工作修理、外来送货的人员和打扫卫生的行为，与朱洼村不同的是没有外来参观游览人员，也没有在街上吃饭的行为(图 5.10(a))。

(a) 朱洼村街道个人化行为较多

(b) 张店村街道社会化行为较多，如交谈、下棋等

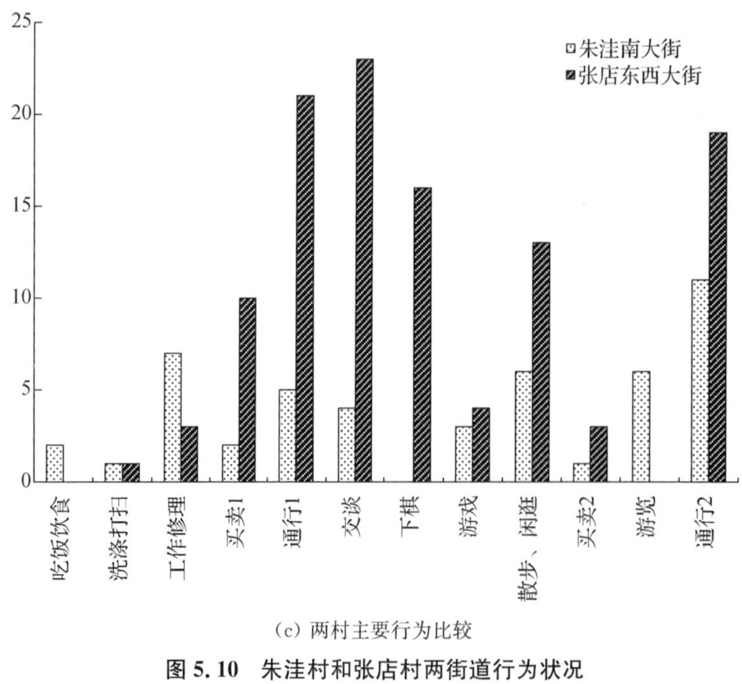

(c) 两村主要行为比较

图 5.10　朱洼村和张店村两街道行为状况

比较起来，两村的总体行为数量相差较大，特别是生活必需行为和休闲行为的数量。张店村大街上的数量约是朱洼南大街的 3 倍，而张店村的总人口并不是朱洼村的 3 倍，因而这种区别既与村落的规模有联系，也与街道空间的状况有关。其次，两街的行为类别有区别。除通行外，朱洼村最主要的行为是居住在街边居民的工作修理，而张店村是买卖行为；朱洼村最主要的休闲行为是散步闲逛，张店村是交谈和下棋，且这种行为具有集中性和固定性；朱洼村街上还有吃饭这样的个人行为，而张店没有，显然张店村街道的行为社交性更强，朱洼村街道的行为社交性弱，个人化色彩浓。第三，两者受外界的影响不一样。两街都有不同程度的外来行为，但情况不一样。若没有外来游客，朱洼村的外来行为将比张店少很多，说明张店大街的普遍开放程度更高，不过如果朱洼村外来游客持续增加，将会改变朱洼村大街现有的行为模式（图 5.10）。

可见，朱洼村大街和张店村大街的街道行为存在较大差异。朱洼大街的街道行为数量少，社交性弱，日常开放度不高，而张店村大街的街道行为数量多，社交行为突出，街道更具开放性。直观而言，朱洼村街道比较萧索冷清，而张店村大街有点类似城镇的街道，商业化和文化休闲的程度更高，比较活跃热闹。两村街道行为的明显区别虽然与村落的规模和街道的空间状态有关，但也反映了两村生活方式上的差异。

5.4.3　街道的领域属性

通过对朱洼村临沣寨南大街和张店村东西大街的分析发现，两村街道的空间界面和行为都有很大的不同，其实从对街道空间的使用和控制主体上分析，这两条街道的领域属性并不一样。

Altman 和 Chambers 曾把所有的领域分为三类，即首属领域、次级领域和公共领域①。首属领域（primary territories）与社会学中的首属群体联系密切。所谓的首属群体，指的是由面对面互相交流所形成的具有亲密人际关系的社会群体。首属领域就是由个人或首属群体拥有或专用，并且对他们的生活而言是重要的、基本的和必不可少的领域。例如卧室、住宅、办公室和国家等都属于首属领域。次级领域（secondary territories）和社会学中的次级群体有关。次级群体中的人可能是重要的，但是他们只涉及个人生活的一部分。次级领域和首属领域相比其心理上的作用较少，拥有者的控制权也相应地减弱。公共领域（public territories）是对所有人开放的地方，只要遵守一般的社会规范，几乎所有的人都能进入或者使用。

---

① Altman, I., Chambers, M. Culture and environment[M]. New York: Cambridge University Press, 1984.

次级领域既有私人的成分又有公共的性质，是首属领域和公共领域的桥梁。在次级领域里所有人的身份和地位并不明显，实际上领域拥有者对外人只是表现出某种程度的控制，并且有可能与陌生人共享或轮流使用。次级领域和建筑设计里的半公共空间和半私密空间相似，它们之间的区别在于半公共空间和半私密空间虽然也强调了半公共和混合使用的性质，但它还是属于实质环境范畴。次级领域则在其基础上更强调了所涉及的场所与物体的使用与控制行为，因而它也强调了实质环境中的社会层面。

朱洼村临沣寨南大街属于次级领域，其特点是寨内临街的居民把街道视作自家的第二场所，其证据之一是有一些个体家庭的标志物存在，如朱洼南大街有许多石辗子（石敢当），成为私有院落占据街道一角邻域的象征物和标志物，证据之二是有些属于个体家庭的活动在此进行，如住在附近的 A2F 一家有时吃饭、晾晒衣物在自家街面进行，街边放有他家的车和垃圾，这一部分街面几乎被他家控制，而寨内其他的家庭也默认了 A2F 家这种无形的占有，认为此段街道不属于自己，每次只是匆匆而过，不愿意参与街道的活动。这种只有一部分住在周边的人常去的场所，缺少外来人员的积极参与，显然不可能发展成为具有固定公众活动的公共空间（图 5.11）。

张店村东西大街的情况很不一样，东西大街历史上即为开放的交通要道，有众多的店铺，相应的，街道上标志私家院落占领邻域标志的石敢当很少。其次，街道上很少有某一户人家长期固定占据街道并实施纯粹属于家庭内部的行为，东西大街上有的家庭虽然占据街道搭建了台阶和棚子，也往往作为商业或者聚会的用途，临时放置的板凳在聚会结束时都会被收走。因而街道的公共性较强，街道具有很明确的活动中心，每天有固定的人群在此聚集进行下棋、聊天等活动，存在事实上的公共活动中心。而且，张店的街道上外地人也可以轻易进入且不引人瞩目，因此张店的东西大街属于公共领域（图 5.11）。

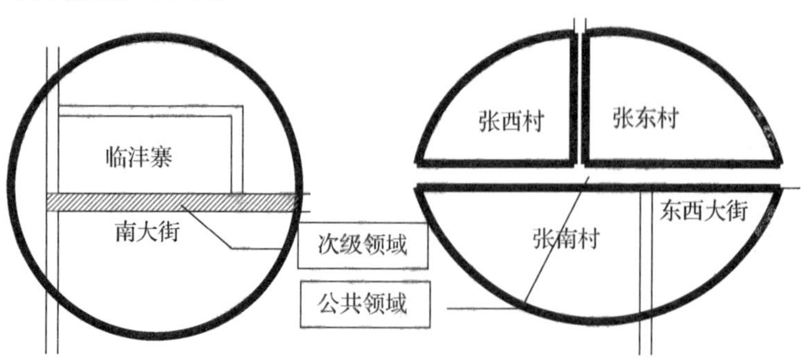

图 5.11　朱洼村和张店村主要街道的领域属性差异

其实，从两个村落的内部行政区域划分和名称也可以佐证这种判断：朱洼村临沣寨始终作为一个整体而存在，临沣寨南大街属于该社区的内部领域。而张店以东西大街为界，逐渐分化而形成张店东村、张店西村、张店南村，很显然，东西大街是作为这三个分化社区的公共领域或者说公共边界而存在，因而张店东西大街必然呈现出公共领域的属性。

以上分析说明，朱洼村和张店村的主要街道存在明显的行为差异，其内在原因之一是领域属性的差异。朱洼南大街被村民视为次生领域，为少数临街村民所占有，公共开放性较弱，而张店村的东西大街则被村民公认为公共领域，公共开放性较强。总之，朱洼与张店的领域意识存在差异，体现在领域层次和具体空间的领域属性上，两村领域意识的差异是村落空间行为差异的重要内在原因。

第 6 章　院落组成两种村落

6.1　村落里的祠堂和庙

传统村落的公共建筑大致可以分为传统宗教信仰建筑，如庙宇和祠堂；生产性建筑，如烤烟房、各类厂房；经营性建筑，如小商店；行政性建筑，如村委会、大队部；教育医疗建筑，如小学、幼儿园、卫生所等。

从外形上看，传统村落的这些公共建筑有些套用了类似当地居住院落的形式、材料和构造方式。公共建筑的类别区分主要靠空间发生的主要行为和独特的空间格式和设施，例如庙宇、祠堂与普通居住院落从外型上看较为相似，但庙宇的装饰性更强，庙宇院内有香炉，殿内有菩萨，但有的也住人，因而，传统村落的公共建筑有时与居住院落具有一定的通用和转化性。

分析发现，朱洼村和张店村历史上旧有的传统公共建筑组成类型十分相似，都具有祠堂、庙、戏台、寨门等类型，说明在历史上两村居民生活状况是大致相似的，但是各类传统公共空间的命运却各有不同（表 6.1）。

表 6.1　朱洼村和张店村传统公共建筑情况

村别	使用状况	祠堂（个）	庙宇（个）	戏台（个）	牌坊（个）	寨门（个）
朱洼村	原有	1	3	1	0	3
	现使用	0	3	0	0	3
张店村	原有	1	3	2	1	5
	现使用	0	3	0	0	0

6.1.1　以宗祠为代表的传统公共建筑衰亡

历史上由于受宗法制度的影响，宗祠通常是村落里最重要的公共建筑，这一点上张店村、朱洼村与其他各地如徽州等地的村落都相似。不同的是，朱洼村和张店村均为单姓村，村里只建有一个宗祠,宗祠往往位于村落的中心位置。张店村始祖在明洪武年间迁来,发展历史长,有多个分支(门),如西官宅、东官宅等,祠堂位于这些分支院落的中心位置;朱洼村的宗祠略有例外,朱洼村主要是朱氏三兄弟一门发展较好,又以朱家老二为官最大,所以宗祠靠朱家老二宅院较近,偏于寨西墙一侧,并与关帝庙相邻,当年这一位置也应该是村内较为重要的场所。由两村宗祠的位置不同进一步分析可以看出,朱洼村临沣寨事实上的布局似乎是安排寨内中心区全为居住建筑,传统公共建筑多布置于寨墙内靠外边缘,这与张店村的布局是不同的,这或许与两村街道不同的领域属性有关。

随着宗法制度在农村的影响式微,宗祠的功能淡化,如张店村的宗祠改为私人住宅,但是其所处的位置仍然保持了村落活动中心的地位。相比之下,朱洼村的宗祠较为偏僻,改变为小学,地位也显得不再十分重要。

此外,戏台、牌坊等曾经是村落重要的公共活动空间,朱洼村曾在寨东五虎庙前有一个戏台,每年初十庙会十分热闹,可以认为是朱洼村曾经的又一个活动中心。张店村在原宗祠南侧有一个大戏台,也是活动中心,另外张店的黑龙庙、火龙庙前都曾有戏台,如今戏台这种传统公共空间形式几乎已经消失,说明村民休闲聚会的生活方式发生了巨大变化。

6.1.2　庙体现的空间领域

与其他传统公共建筑消亡不同的是,作为宗教性社会活动场所的庙宇具有持久的生命力,当前庙宇在村落生活中仍然充当重要角色。黄忠怀(2003)在其博士论文中探讨了明永乐以后河北平原村落的空间分布过程以及个体村落的发展过程,发现每个村落在规模上都经历了从零星聚落到饱和型村落、从依附大村到独立成村的过程,独立成村的标志是土地庙的建立。从村落形态上看,不同发展时期的村落形态有很大的区别,不但体现在村落的规模上,也体现在村落的庙宇系统上。认为村落的形态与土地庙状况有一一对应的关系,通过庙宇的类型、数量可以判断村落所处的发展阶段和形态类型。

庙里的神灵各司其职,就类型而言,当地庙宇主要有两种类型:一种是地方神庙(土地庙),一种是战神庙(关帝庙)。地方神庙以土地神最为普遍,对一个村落而言,由于最早形成的庙宇往往就是土地庙,故土地庙的建立往往是村落形成的标志。当地村落的战神庙多数为关帝庙、五虎庙之类,朱洼村既有关帝庙又有五虎庙。这些神庙从另一方面暗示了朱洼村防御意识较强,后文将分析这与其空间形式相印证,体现了村落重要的领域特征。有时一个大的村庄可能有两个乃至多个同样的神庙共存,如张店村有数个龙王庙,这主要是由于当地南靠马鞍山常易发生火灾和水灾。

庙宇的分布也具有规律性,常位于村落的外边缘,这可能与其宗教性质需要与世俗世界分开有关。一个庙的位置和影响范围往往也体现了一个村落的社会关系和领域。可见，由于宗教社会活动具有的恒常性，庙这种超脱世俗的传统公共建筑由于其行为的社会基础没有改变，因而在经历了演化之后不断更生，具有很强的生命力(图 6.1)。

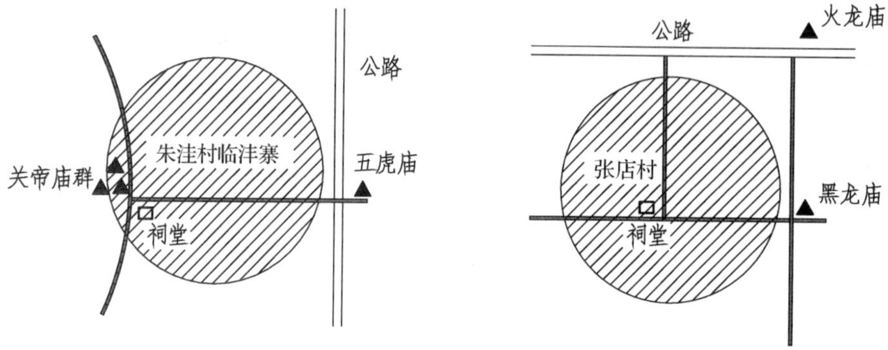

图 6.1　庙的分布规律通常在原有村落的外缘

庙的位置多分布在村外或村落交界之处，正如俗语所说“村两头的土地爷，互不相干”。临沣寨的五虎庙(东庙)分布在寨门之外五虎庙村和临沣寨交界的公路边，关帝庙群分布在寨内南大街的西端靠寨墙。庙宇的空间位置在历史上似乎有相对固定的倾向：一个时代庙宇毁掉之后另一个时代往往会在原址或者附近重修。如张店村的火龙庙、朱洼村的五虎庙都是这种情况。庙的分布有时候与宗祠在村落的中心地位相反，庙作为村落的守护者常常位于村落的边缘，又因为一个村落中常常有多个庙宇，故村庙常分散于村落的四周。张店村的庙宇分布符合这一规律，如重建的火龙庙和原有的黑龙庙都处于村落东部边缘的道路上，除了庙宇的性质应超脱于世俗之外，调查发现其现实原因还在于这些庙宇的祭祀范围可以覆盖周边的多个村落，香火钱来源更广。

朱洼村的关帝庙本来位于寨西，随着宗祠的改变这一区域变得不再是村落的重要中心，但是却成为庙宇发展的理想之地，在此先后建起三座小庙，发展成为一个庙群。调查发现到这里祭拜的也包括南地宋庄和西地临沣村的村民，其原因在于随着后发展村落部分的人口增加，庙宇需求的数量和类型也增加了，由于这里通往南地和西地两个后发展部分更方便，因而发展成一个庙群。这个庙群也显示了朱洼分出去的三个东、西、南地与村落内在的紧密联系，在分出去的后发展新村部分没有建立新的土地庙之前，这些新村仍然从属于老的朱洼村而没有独立的身份。

这里有一个疑问需要说明，为什么南地宋庄在沟里有一个很小的集各庙？宋庄所在地原为宋坑，宋坑原有少量人居住在沟西边并建有自己的小庙。1970 年代，朱洼村的居民开始搬来在宋坑沟东居住，后来宋坑居民虽编入朱洼村，但沟东、沟西仍然分为两个生产组，两组人的来往极少，而且沟西的原朱洼人并不愿被称为宋庄人，他们自称朱洼人，而称相邻沟西的人为宋坑人，自然沟东的朱洼人不认可沟西的集各庙，因而集各庙的存在并不能说明南地宋庄的独立性，反而表达了南地宋庄与朱洼难以割舍的密切内在关系，以及庙作为原宋沟人与临沣寨移民的领域区分。

庙宇具有的持续生命力也与庙宇的使用与管理方式有关，调查发现，村落庙宇的使用有很强的世俗化倾向，而并非由专业化的僧侣管理。

朱洼村关帝庙群平时香客较少，每年大年初一上午村民有来庙焚香叩拜祈福的习俗，此外每月的初一、十五也有人来烧香。庙的南侧有两座烤烟房，在每年八、九月的烤烟季，会有村民通宵在此烤烟，较为热闹。作为村里重要的公共场所之一，每年春节期间这里也是传统打铜器的地点之一。从使用上看，该庙周边人流量不大，卖的香火较贵（两元的香火在东边五虎庙只卖一元），因而平日香火甚少。该庙原由西地的一个农户管理，但由于距离较远管理不便，平时都锁着门，调查时已被委托给村民 A2F 管理（图 6.2(a)）。

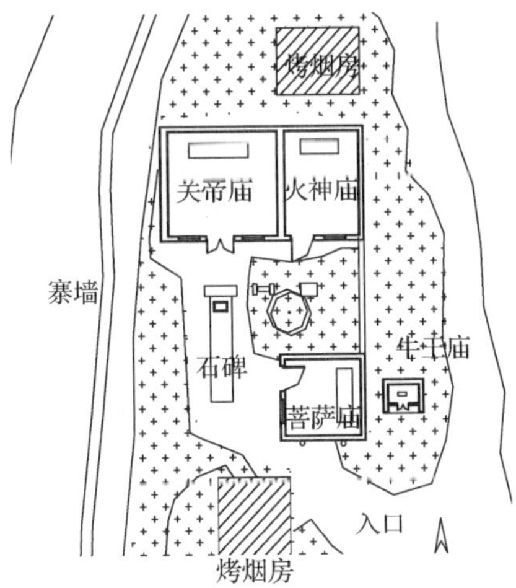

(a) 关帝庙群

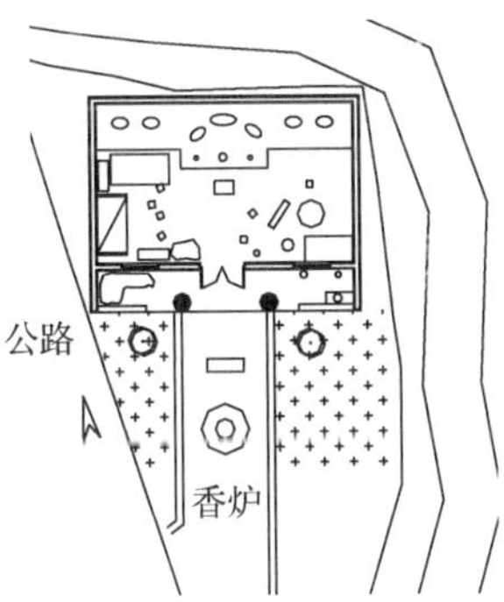

(b) 五虎庙平面

(c) 关帝庙群南入口处

(d) 牛王庙

(e) 宋庄的集各庙

图 6.2　庙的形态和使用情况

朱洼村五虎庙平时的香客主要是周边村庄的妇女，也有路过的行人，因为有守庙的人管理，所以烧香拜佛比较方便，一年香火不断，使用率较高。守庙老人(82 岁)靠卖香火维持生计，有一个儿子两个女儿，原本随儿子住在临沣寨内东南部，自庙建起便居住在庙内，仅冬天天冷的时候才回家。两个嫁至邻村的女儿有时回庙里照料其生活。老人平日在庙里居住，因而床放置在庙内西侧，东侧摆有水泵、煤气灶、水缸，庙外有一口水井，室内用水泵抽水，但水质不好，需要在水缸中存放沉淀后再饮用，烧饭用柴火放置在前檐下西侧，前檐东侧有土灶一座。五虎庙由于庙较小，除了供奉的神位外，还混杂有住庙人的生活设施，但这并没有影响该庙的正常使用，反而使庙的管理更为方便(图 6.2(b))。

从对朱洼村和张店村公共建筑的调查中可知，两村的公共建筑大致包含祠堂、庙宇、戏台牌楼、大队部、村委会、小学、幼儿园、卫生所、烤烟房等类型。从空间形态上两村的公共建筑主要可以分为传统形式和现代形式两种；从功能类别上分别属于祭祀、宗教、文化、行政、教育、医疗、生产等类型；从行为性质上大致可以分为社会性活动和必要性活动等。社会性活动指与村落社会组织或集体有关的各种群体性活动，必要性活动是人们生产生活所必需的如生产、经营、上学等活动，这种活动由于在各种环境条件下都会发生，与外部环境的关系不大(表 6.2)。

分析可知，传统形式的公共建筑中仅有庙宇还在正常使用，其他的如祠堂、戏台等多已消失。而现代形式的建筑多属必要性活动的建筑，大部分仍正常使用。这可能是因为社会性行为本身要求场所具有一定特殊意义，而社会性活动的变化容易使场所失去原有的意义，引起传统形式的公共建筑衰落，但是一些恒常性的宗教社会活动场所如庙宇却得以延续，而必要性活动增长的需要促进了村落新建公共建筑的兴起。

表 6.2　朱洼村和张店村公共建筑的类型

<table>
<tr><td>空间名称</td><td>祠堂</td><td>庙宇</td><td>戏台、牌坊</td><td>原大队部</td><td>村委会</td><td>小学</td><td>幼儿园</td><td>卫生所</td><td>烤烟房</td></tr>
<tr><td>空间形式</td><td colspan="4">传统形式</td><td colspan="4">现代形式</td><td>简易形式</td></tr>
<tr><td>功能类别</td><td>祭祀</td><td>宗教</td><td>文化</td><td>行政</td><td>行政</td><td>教育</td><td>教育</td><td>医疗</td><td>生产</td></tr>
<tr><td>行为性质</td><td colspan="4">社会性活动</td><td colspan="5">必要性活动</td></tr>
<tr><td>使用情况</td><td>消失</td><td>正常使用</td><td>消失</td><td>改用途</td><td colspan="4">正常使用</td><td>较少使用</td></tr>
</table>

不同村落公共空间的使用也具有一些差异，传统公共建筑的衰亡程度也不一样。朱洼村的祠堂还存在一些残破的旧房，而且在原祠堂上建起的小学基本延续了原祠堂的格局。从小学的平面图中可以看出，新建小学的底层中部特地留出一个开间作为通道，而这个通道实际上延续了原祠堂最重要的中轴线(图 6.3)。而张店的祠堂完全被拆掉盖成了私人院落。此外，朱洼村的庙宇数量比张店要多一倍，去庙内进香的人也比张店村多。

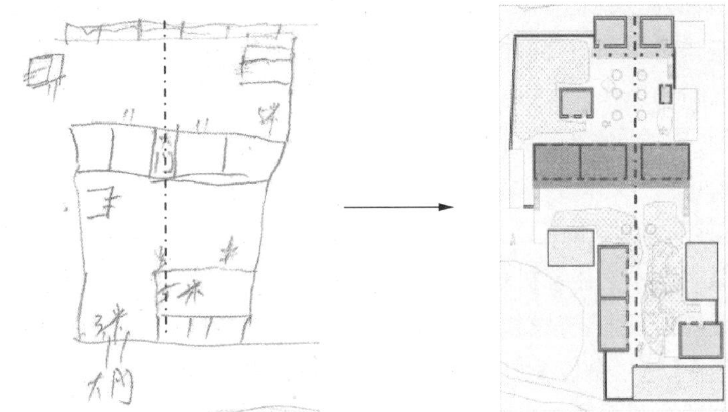

图 6.3　朱洼村的祠堂转变为村小学后保留了原祠堂的中轴线格局

新兴公共建筑的种类和数量不一样，张店村新增的村民广场、超市等比朱洼村多。新兴公共建筑的形式和行为也存在差别，朱洼村的新村委采用类四合院布局，更为传统，但在村委会里安排有晒烟的厂棚和机修房，有工人在这里劳作，但张店村的新村委会是现代形式的二层楼纯办公房，并且与卫生所和村民广场相邻。

总体而言，决定传统公共建筑命运的是其所属的社会活动，如宗祠戏台因宗法制度的消失而衰亡，庙宇则因宗教活动的恒常而更生，这也说明了对待传统公共建筑不能仅从建筑本身去分析，而应根据其背后的社会活动因素去区别对待。许多适应现代社会的新的公共空间类型产生，重要的新兴公共空间特别是村委会有向原有老村寨外发展的趋势，但是老村落原有的重要公共空间的位置（或者说遗址）作为村落重要公共空间的特征没有改变，如张店村祠堂和戏台的位置仍然是村落的活动中心。此外，公共建筑的演化也因村而异。相比较而言，朱洼村的传统公共建筑演化较慢，新建公共建筑形式也更为传统，人们对新兴公共建筑的使用形式也较为传统；而张店村传统形式的公共建筑消失得更为彻底，新兴公共建筑的形式更加现代，使用方式也更加专门化。

6.2　村落空间布局的集散与邻里交往的关系

6.2.1　村落社会关系网络

传统村落是一个由血缘、亲缘、宗缘、地缘等社会关系网络构成的生活共同体，从村落名称可以知道，朱洼村是以朱姓为主体的大家族，张店村是以张姓为主体的大家族，由于村落的总人口规模不大,村内每一个人都比较熟悉,是一个"熟人社会",是以亲属关系为主轴的网络关系,是一种差序格局。在这种差序格局下的类似同心波纹的人际关系网中,既有亲属、亲戚这种血缘、亲缘关系,也有邻里、邻居之间的地缘关系,还有同学、同事、朋友等各类不同的社会关系。

历史上,这种社会关系网络对于村民的生活具有极其重要的意义。朱洼村和张店村都曾以农耕为主要的生存方式,这种较为密切的社会关系网络为小农生产提供了一个便于交换和生产协作的良好环境,在战乱时期,也便于组织共同的安全防御,就像村落的寨墙一样,在村民心理上形成了一个值得信赖的保障体系。传统村落经漫长历史发展而来的社会关系网络具有相对的封闭性、高度的价值认同和道德内聚力,村民长期生活于这一社会网络之中,对于这种先赋的血缘和地缘关系具有一定的依赖性,这也是传统村落所具有的独特魅力和核心价值之一。

传统村落的这种社会关系网络与村落空间有一定程度的耦合。例如,朱洼村临沣寨的中心区域由原来的朱氏家族集聚居住,而外围区域则是原来的一些佃户家庭居住,张店村张家的不同门支也存在一定的集聚居住现象,这与前文分析的大家族的分家继承也有一定的关系。

但随着村落的衍生与扩张、村民居住方式的变化,往往会打破传统村落长期形成的社会关系网络,村民的交往圈子会发生改变,除了血缘、亲缘关系之外开始具有一定的选择性,关系的性质也在悄然发生着变化:由宗族的血缘关系向熟人、半熟人的地缘性关系转变。在当前,村落中的邻里关系成为与血缘关系并存的重要关系。

6.2.2 邻里交往

村落的邻里关系与城市有很大的不同,村落内部作为一个封闭社区,社区居民大多数都互相熟识,甚至很多有血缘关系。因而村落的邻里关系比城市的邻里关系更为复杂与重要,邻里交往有时体现为一种空间领域界线的跨越。

村落的邻里关系按交往的程度和空间进入的深度可以分为"进门"、"串门"和"站街"三个层次。"进门"这种交往深入到对方的家庭进入堂屋,这种交往常常存在于血缘关系和特别密切的朋友之间,关系最为紧密。"串门"只在主人院落大门交往,不进入院落或者堂屋。调查发现,邻里交往中,串门主要存在于近邻,串门的主体是老年妇女和带孩子的妇女。"站街"发生在离开家门口一段距离的地方,如街道口、寨门口,能够看到自家门口的地方,有时双方隔着马路很远地交谈聊天。

观察发现,妇女往往是家庭邻里交往的主体,一方面是因为农村男劳力的劳动任务较重,空余时间不多。其次是因为男性的社交圈子较大,往往不局限于邻里的空间范畴,如朱洼村的中年男村民往往喜欢到附近三廊庙庄去喝茶,张店村的老年男村民往往聚在村中心的街边一起下棋。妇女的行为受身体条件和家务劳动的空间制约比较大，特别是老年妇女，往往行走能力有限，很难走远。而女性相对空余时间又较多，因此成为邻里交往的主要参与者。

邻里关系在空间上体现为一种跨越空间界线的行为，例如邻里之间必然产生一些邻里互助的行为，邻里关系在日常意味着亲密的接触并且互相帮助。邻里之间还互相承担着特别的社会义务，这种互相帮助的关系更多地取决于个人之间的密切关系（费孝通，2005）。

当然，村落之间邻里关系的形式也存在差异。调查发现，在朱洼村南地宋庄，有的居民家中没有水井和水源，往往从邻居家的水井用水管引水进入自家院落，而彼此之间认为这种行为是很自然的。宋庄沿路建有一排烤烟房，这些烤烟房由各户家庭建设，但并没有明确的权属，邻居都可以共用。宋庄青年办喜事之前，先在自家院子用砖砌 4～5 眼灶，办喜事当天用来炒菜做饭，做好的饭菜放在自家庭院的棚子下，但招待宾客的酒桌不摆在自家院落里，也不摆在周边的道路上，而是把酒桌摆到周边邻居家。如下图是宋庄 A5F 手绘的娶儿媳妇结婚摆酒示意图。这表明良好的邻里关系使这些物品和资源的公用跨越了空间和产权的界线，弥补了空间的不足（图 6.4）。

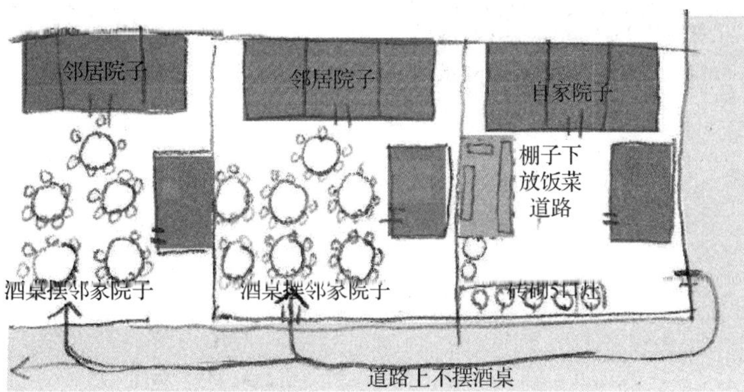

结婚的时候邻里关系跨越了空间（图为 A5F 手绘办喜事摆酒场景）

图 6.4　邻里交往的不同形式

调查发现，张店村由于安装了自来水管道，邻里之间共用水源的情况较为少见。由于不再种植烟叶，烤烟房共用的情况也没有了，多处于闲置状态。最近几年，张店年轻人结婚，多去附近庄上的饭店请客，结婚不再在自家办酒席已成为新的时尚。因而从表面上看，张店邻里关系的形式发生了变化。

相比于朱洼村，张店村邻里之间跨越空间的共用资源和互助行为减少了，当然，这种邻里关系形式的改变很大程度上是外界空间环境的改变引起的，虽然这种共用和互助关系的减少并不表示邻里之间的关系密切程度的削弱，但长此以往，必然会对邻里关系产生不同的影响。

6.2.3 邻里交往的范围

村民邻里交往有明显的空间范围,在朱洼村南地宋庄调查发现,宋庄原有一条南北向沟(图 6.5(a)),把宋庄分为东西两片,沟西是原来一直在此居住的人家,沟东的全是原来从临沣寨搬出来的人家,沟东的人把沟西称为"宋沟"。属于同一个村但不同的生产组,虽然距离很近,双方的心理距离却十分远,沟东的从来不到沟西串门。相反,由于沟东的人是从原老寨搬出的,有的父母亲戚还在老寨,他们与老寨的交往十分频繁;由于有同学朋友在其他的新村如五虎庙住,距离虽然远,但仍然交流频繁。如图 6.5(b)所示,宋庄原朱洼人的交往范围在宋沟以东的范围。

(a) 朱洼村宋庄的"宋沟" 为交往的界线

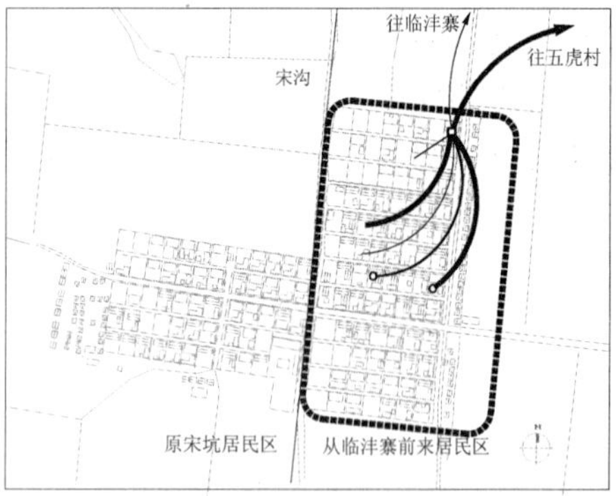

(b) 宋庄内原老寨村民 A5F 的交往范围在沟东

图 6.5　村落邻里交往的空间范围

临沣寨内部的住在老寨子的人相互认识熟悉,但细分起来,邻里关系仍分亲疏。以寨内道路划分,南街片区的和北街片区的交往较少,寨东头和寨西头的交往较少,这不仅是因为空间的隔绝,主要是因为这几个区域历史上人口的来源不同。因此,临沣寨老寨内的居民交往范围局限于周边的一些小块区域范围,但是这一小块区域可以通过寨门的方向向外扩散,因为他们的亲戚或老邻居居住在从各寨门分出来的新村里(图 6.6)。

张店村的张东村、张西村、张南村,其实源于原来张家分化成的若干门,其中西官宅附近是原来六门的,因而张西村的大部分几乎全是原来张家六门的分支,其交往也大致在大街西北侧这一个范畴,虽然如此,张店老寨居民的交往范围仍然比朱洼临沣寨要大得多。不仅如此,张店居住在村落外缘的居民交往还有一些特性,这就是向心性。居住在外缘的村民往往会与村落中心的家庭交往。一方面,这可能是由于该户人家原来居住于村落的中心,或其亲戚好友居住在村落中心;另一方面,可能是日常活动经常要经过村落中心附近,对于张店而言,邻居串门的关系虽然较少,但这并不说明邻里的关系不好,相反,大家更多地选择到热闹的大街上会面(图 6.7)。

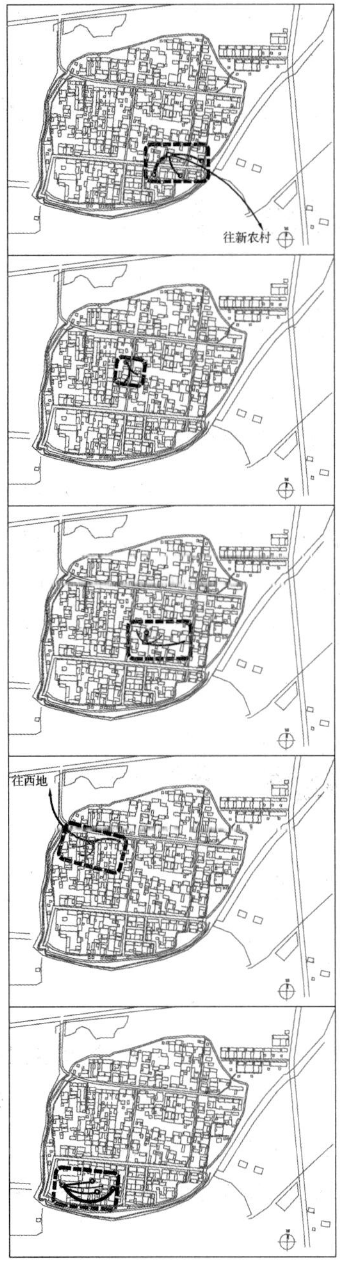

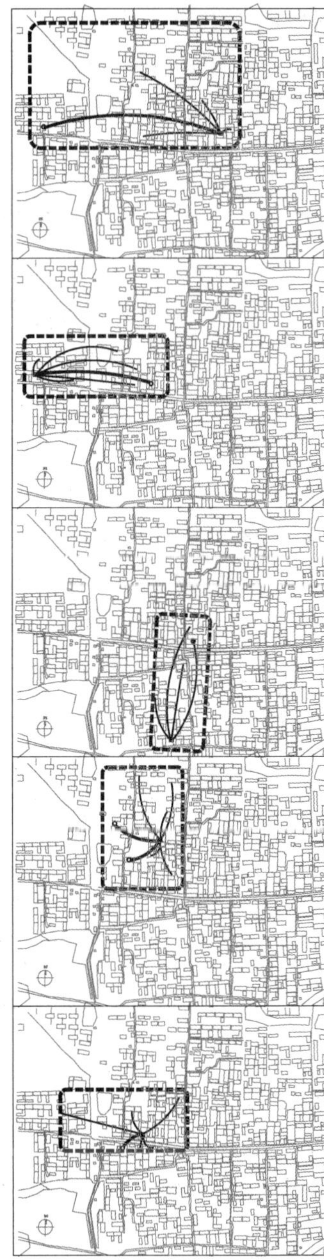

交往的地缘范围

进门(堂屋门)交往

串门(院落门)交往

图 6.6　朱洼村临沣寨邻里交往情况

图 6.7　张店村邻里交往情况

据对60户村民的邻里交往调查,在小于5户的交往中,朱洼村比张店村多很多,但在5～10户的交往范围内,张店村比朱洼村多很多,大于10户的交往则两村都很少,这充分说明了朱洼村分散式布局的空间对交往户数有所限制,而张店村集中式布局使居民交往范围更大(图6.8)。

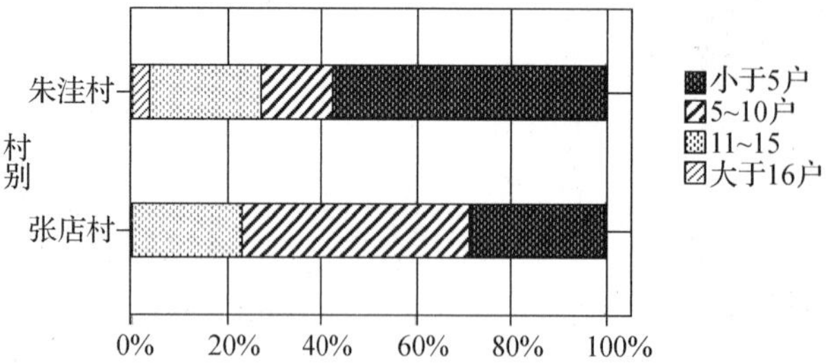

图6.8 朱洼村和张店村邻居串门户数对比图

体现在串门频率上,在每天多次的高频率密切交往中,朱洼所占比率比张店村高很多,但在几天一次的交往频率中,张店村比朱洼村的比率高很多,说明朱洼村与张店村的交往形式存在很大的不同,朱洼村村民之间的密切频繁交往很多。这一方面是因为朱洼村单姓聚居的程度较高,家庭交往较密切,另一方面是小空间聚集,阻碍了大氛围长距离的交往,因而交往更密切。张店村由于聚集,交往的距离扩大,可以扩张到村落的边缘,因而交往的频率减弱(图6.9)。

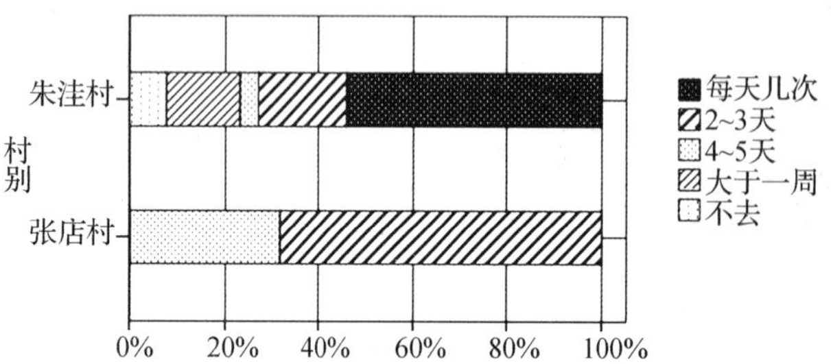

图6.9 朱洼村和张店村邻居串门频率对比图

总之,朱洼和张店的邻里关系存在差异:相比于朱洼村,张店邻里之间跨越空间的共用资源和互助的邻里交往形式减少了,朱洼村分散式布局的空间使邻里交往户数较少,但交往频率增加,而张店村集中式布局使居民交往户数较多、范围更大,但交往频率较低。很显然,村落空间的布局方式对社会关系特别是邻里关系产生了影响,使两村交往的方式、频率和范围都有所不同。

6.3　村落的防御体系体现不同的领域意识

传统村落选址往往利用自然的山川、水流环境，例如朱洼村选址于平原低洼之地的杨柳河河道之中，张店村则背靠马鞍山面向芝河水，两村的选址都与水有密切的关系。

杨柳河水系对朱洼村有极大影响。历史上朱洼村最初的移民正是利用杨柳河滩的芦苇编制芦苇制品才得以生存，后来又利用河道的便利经营盐业贸易才得以发家，而临沣寨的寨墙除了防御之外，也具有防洪的功能，并在 20 世纪 60 年代洪水泛滥的关键时刻保护了村寨。然而水系有时候也会带来灾难，同一时期张店村临近的芝河水库坍塌导致洪水淹没了整个张店村，大量建筑被毁。

村落水系常常由自然河流、人工护寨河、水塘(坑)、水井等组成。以临沣寨为例，临沣寨位于杨柳河河道低洼处，建寨时护寨河与寨墙同时完工，后引入杨柳河水注入护寨河。当时护寨河宽 15 米，深 4 米，绕寨一周长 1 500 米，在 3 个寨门处建有红石板桥与寨内相通。寨门旁边还各有一个 4 米深的水坑，水坑的作用是收集雨水经过沉淀排到护寨河。临沣寨也有多处水井，田地中的水井用于灌溉，寨内水井则用于生活，其中南寨墙的井至今仍在使用。

历史上朱洼村和张店村的护寨河和寨墙界定了村落的领域，同时还具有很强的保护和防御功能，并形成多重的防御体系。

传统村落常常由多重多层次的防卫体系组成。由于长期战乱，特别是清朝的匪患，中原传统村落多筑寨自保，规模小的多以木栅围之，规模大的则以黄土夯打而成，所以当地俗称“建寨”为“打寨”。领域指由个体、家庭或其他社群单位所占据的，并积极保卫不让其他成员侵入的空间，是一个与安全防御密切相关的概念。

以朱洼村临沣寨为例，临沣寨具有的强烈的防卫意识，可以分为九个防御层次：第一层，天然的杨柳河河道；第二层，千亩芦苇荡；第三层，4 米宽护寨河；第四层，长 1 100 米的红石寨墙；第五层，坚固的红石寨门 3 座；第六层，寨内大街，寨内大街与寨门外部道路联结呈转折的斜角，使外人不宜进入；第七层，寨内支路是“断头路”，或“死胡同”；第八层，各宅院用高院墙围合；第九层，主人居住的耳扒儿位于院落内最深处。事实上，朱洼临沣寨的防御功能经历了多次真实战争的考验，从清代的匪患到抗日战争，临沣寨均没有被攻陷过。解放战争时期，刘邓大军在牺牲 200 多人的强烈攻势下才进入寨内，可以说，临沣寨的防御功能是十分成功的。从另一方面而言，临沣寨的多级防御层次增加了村落的领域安全感(图 6.10)。

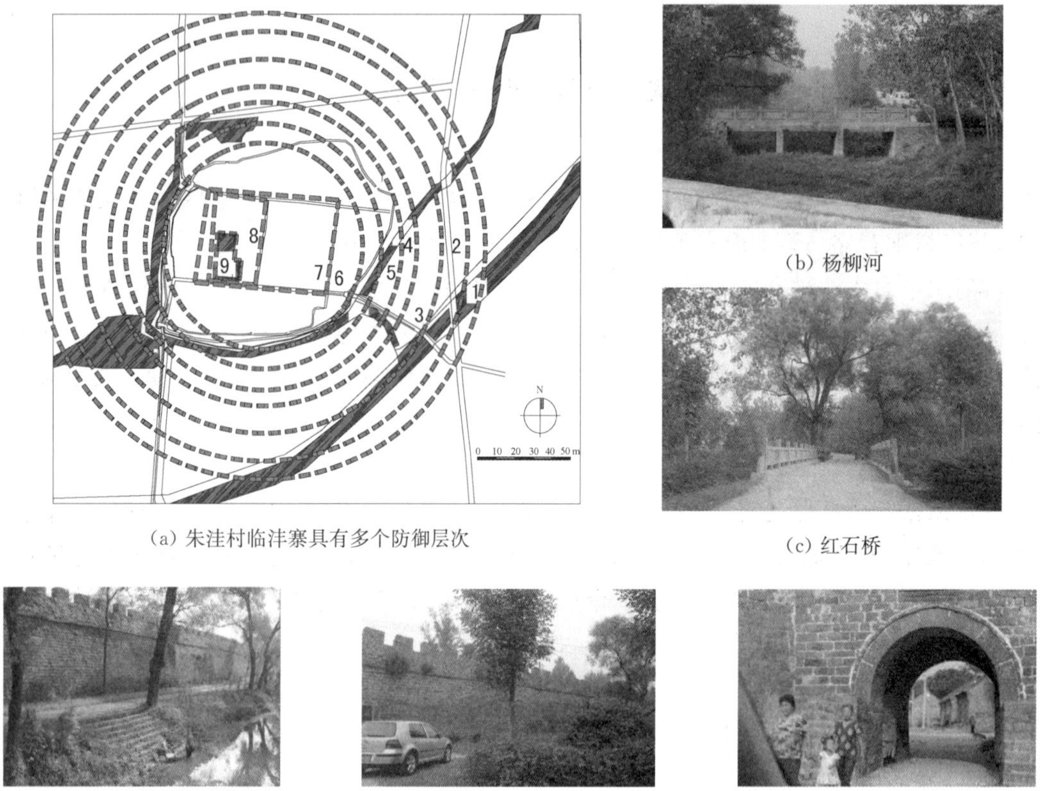

(a) 朱洼村临沣寨具有多个防御层次

(b) 杨柳河

(c) 红石桥

(d) 护寨河

(e) 寨墙

(f) 寨门

图 6.10　朱洼村临沣寨的防御层次

不同的防御层次对应的空间领域感受不同。以朱洼临沣寨为例,从杨柳河边的五虎庙开始进入朱洼村的领域范围,但老寨掩映在绿树和芦苇之中,并不能辨其方位。跨过小桥和护寨河,到达红石寨墙外,才能够真正感受到临沣寨的存在。再穿过寨门,来到寨内的南大街,街上的古老建筑很少向街道开门,人群稀少,有三三两两的狗,让人感觉进入到一个封闭、神秘的空间邻域。从领域的行为性质分析,从杨柳河到芦苇荡是领域标记行为,从红石桥到寨门是领域防卫行为,寨门以内是领域占有行为(表 6.3)。

张店村在古代处于交通要道,明朝起筑有寨墙,其防御体系基本上由村口护寨河、寨墙、寨门、大街、院墙等层次构成,但目前张店村的寨墙已毁,而且因经商的商户较多,总体防御性能不如朱洼村。因此张店村的感受与朱洼村略有不同,通过村口,沿着老寨墙进入东、西大街,沿途都有一些住宅和人群,进入东、西大街后,大街上有商铺和人群,感觉进入了一个正常的社区。

表 6.3　朱洼村临沣寨的领域层次

1	2	3	4	5	6	7	8	9
杨柳河 →	芦苇荡 →	红石桥 →	护寨河 →	寨墙 →	寨门 →	大街 →	胡同巷 →	院墙
进入方位感迷失	空旷空间强烈的防御感			穿越	封闭空间的神秘感		秘密	
领域标记	领域防卫				领域占有			

总体而言，传统村落的外围环境对传统村落十分重要，既提供了生活的便利外围，还提供了对村落的保护。具有多重的防卫层次是传统村落共同的特征，朱洼村临沣寨注重防御，村落具有较多的防卫层次，空间各层次之间的差异强烈，村落整体的领域标记和防卫更明确；而张店村防卫简单，层次少，空间层次之间的差异较弱，村落整体的领域标记、防卫行为相对较弱。

6.4　村落空间布局的集中与离散影响产业结构

早期的朱洼村与张店村都受到山西移民的影响，一度都以烟叶为主导产业，都为寨墙和护寨河所围合，在村落发展的早期阶段都表现为相对集中的村落模式。但是土改以后随着张店村寨墙的消失，两村的发展模式开始出现巨大差异。张店新建的居民点继续在原有村落的周边扩张，呈集中式的发展趋势，而朱洼村则在距老寨一定距离的几个方位重新建立居住点，呈分散式的发展趋势。

从图 1.3 朱洼村临沣寨总平面图中可以看出，临沣寨并非一直局限在清代的寨墙之内，在其东北方向寨墙曾被开口，因此老寨曾经透过这个寨墙开口向寨墙外扩散，就像张店的扩展模式一样，但是这种突破寨墙的扩展范围不大，而且很快就停止了。显然，寨墙的存在并非是影响朱洼村向外扩张的最主要因素，一定有别的原因促使朱洼村放弃了张店村这种集中式发展的方式。

取代这种集中式的扩展方式，朱洼村分别在原寨门东、南、西北三个方向 800 米左右的范围重新建立了三个分散的居民点，仔细分析起来，这三个居民点的选择位置并非偶然，而是必然的选择。首先，三个居民点的方位对应于三个老寨的寨门，不仅有利于与老寨的交通联系，其实也相当于老寨的前哨，调查发现新居民点的居民往往由相近的寨门附近迁来。其次，这三处居民点正好位于老寨原有耕作半径 800 米的范围处，三个居民点与老寨保持这样的距离，一方面可以保持耕作距离内大片农田的整体性，另一方面，使新居民点和老寨的耕作距离减小了一半，即只有 400 米

(图 6.11，左)。

三个分散的居民点中，只有东面五虎庙村距离老寨的距离稍近，刚好位于老寨周边 400 米的范围。这可能是因为老寨东门是最主要的出入口，交通使用上最为频繁，寨门外的地形复杂，也不是普通的耕地，这使得五虎庙村与老寨的距离不仅仅满足了耕作距离的需要。

总体而言，朱洼村的老寨及其三个新建立的居民点，以各自为中心形成 400 米半径的耕作范围圈，除五虎庙村与老寨的耕地范围略有重叠外，各自的耕地范围圈并不相交，而且即使是近年新建的新农村部分，也大致分布在老寨 800 米的耕作范围圈上，因而村落整体形成较为分散的态势。很显然，朱洼村这种分散的空间布局保证了一定的耕作面积，也使土地利用更均匀化，同时使各居民点的独立性更强。事实上随着村落的发展，对土地的需求也会增加，当这种增加超出了农业耕作半径时，只要村落的农业性质不改变，这种分化就一定会发生。其原因在于当村庄发展到相当大规模的时候，经济压力会刺激原有的家庭外迁并建立新的村庄，这就是朱洼村落分化而形成离散式布局的原因。

对于张店村而言情况则完全不同，张店村的老寨发展突破了寨墙，沿寨门或道路跨过寨河向周边扩展，但是到目前为止，所有居民点建筑仍然在老寨 400 米范围之内。事实上，张店的发展也一度分化成张西村、张南村、张东村三个自然村部分，但是这三个部分彼此紧密结合在一起。而且如果这三个部分按照 400 米的耕作距离来划范围，其最大的耕作范围仍然没有突破老寨原有的 800 米耕作半径范围，只是通过居住区边界的扩张，使耕作范围相对减小了(图 6.11，右)。

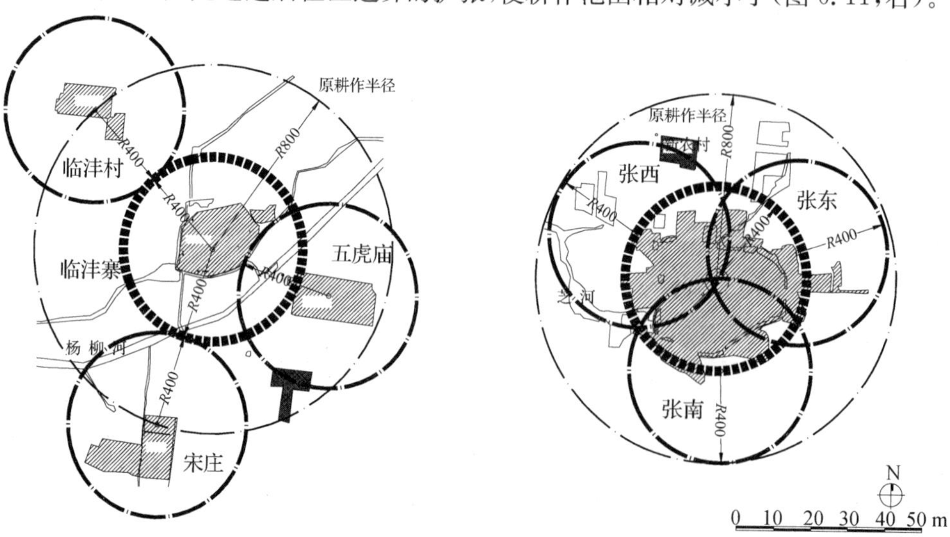

图 6.11　耕作半径与村落空间布局

左：朱洼村采用保持农业耕作半径的离散型模式；右：张店村采用非农化压缩耕作范围的集中型模式

很显然，这种集中式的发展模式把居住建筑集中在一起，使村落维持较大的规模，在使周边的一圈田地保持了完整性的同时，减少了一部分耕作面积。这与张店村的农业产业状况分不开，张店村历来就有经商的传统，对农业的依赖并不如朱洼村那样大。特别是近年来，张店村周边的矿产资源开发使村落的其他产业得到发展，对农业的依赖程度更加降低。例如 2010 年，当朱洼村还在忙于烟叶收购的时候，张店村已经不再种植烟叶了。因而，张店村这种集中式布局是由非农业产业的发展决定的。

可见，村落产业的发展会对村落空间总体布局的演化产生重大影响，农业生产耕作半径的需要促使朱洼村演化发展成离散式布局，而非农化产业发展促使张店村选择了集中式布局形式。当然，促使村落内聚与分化的力量并非唯一，下文还将讨论与之相关的其他因素。

6.5　村落交通的内向与外向

随着村落的发展，村落的交通网络也在扩张和演化。朱洼村临泮寨由主干道南大街和北大街及其东、西巷形成井字形环道格局，寨内道路较为均匀，形成内循环，因而难以形成一个中心。而张店村老寨主干道东西向大街连通原东、西门，南大街、北大街连通原南、北门，组成一个类十字交叉型道路格局，交叉区域处易于形成中心。在内部支路系统上，朱洼村的支路多为尽端路，互不联通，号称死胡同，而张店的支路则形成互通的路网(图 6.12)。

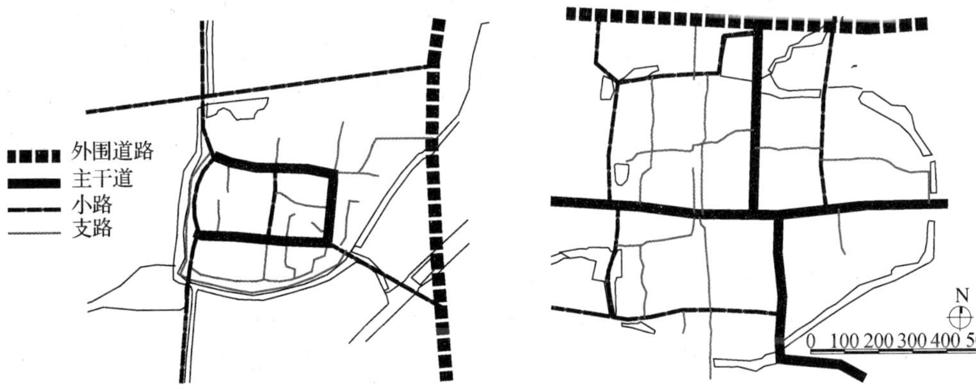

图 6.12　村落道路交通的“内向”与“外向”

左：朱洼村的交通较内向，无中心点，呈环形；右：张店村的交通较外向，有中心点，呈网状

村落交通网络的扩张源于外围交通条件的改变，朱洼村古代的官道沿寨墙西边通过，现代修

建的旅游道路从东侧通过，朱洼村的内部道路与外围道路的连接大多经过一个转折，外围道路不直接进入老寨，因此在这种道路关系下村落与外部环境似乎有意识地加以隔离。张店村古代形成的东西大街就穿越老寨，现代形成的多条支路也直接连接到新修建的平郏公路上，因而，张店与外围的关系更为密切。

从以上特点来看，朱洼村临沣寨的道路系统与外界环境的联系不太直接，寨内干道分布均匀，不利于形成单一的交通中心，内部支路采用尽端路，互不连通。张店的道路系统与此相反，对外交通联系直接，寨内道路交叉形成单一的中心，内部支路联络形成网络。很显然，朱洼村的交通特点利于形成一个内向的、内部安静、防御性强的村落，而张店村的道路特点有利于形成一个相对外向的、内部繁荣、交往便捷的村落。

6.6 村落发展的两种不同模式

早期的朱洼村临沣寨与张店村，都表现为相对集中式的村落模式，但是土改以后随着张店村寨墙的消失，两村的发展模式开始出现巨大差异。张店村新建的居民点继续在原有村落的周边扩张，仍然呈集中式的发展趋势，而朱洼村则在距老寨一定距离的几个方位重新建立居住点，呈分散式的发展趋势。

除此之外，两村其实还存在内在的领域意识的差异，朱洼村和张店村的主要街道的行为差异，其内在原因之一就是村民的领域意识差异，朱洼村南大街被村民视为次生领域，为少数临街村民占有，公共开放性较弱，而张店村的东西大街则被村民公认为公共领域，公共开放性较强。这和村落的总体领域意识是一致的，朱洼村临沣寨注重防御，村落领域具有较多的层次，空间领域各层次之间的差异感强烈；而张店村防卫层次少，村落的领域层次较为简单，空间领域层次之间的差异感较弱。

总之，以上朱洼村和张店村的差异其实可以归为两种不同类型传统村落的差异：

一类内向、保守的村落，往往从事传统农业产业，领域防御意识强。比如朱洼村，这种村落由于沿用传统的农业产业，因而村落总体布局常常采用便于缩短耕作距离的分散式布局，农业生产对外交通联系的需求较弱，交通网络呈内向型特点。由于从事农业产业的村民相对保守，因而其传统公共建筑演化较慢，新建公共建筑形式也更为传统，人们对新兴公共建筑的使用形式也较为传统。由于村民领域意识强，因而村落的街道空间较为封闭，街道行为数量少，社交性弱，日常开放度不高。同时，村落分散式布局也使邻里交往呈现范围小、户数少的特点。

另一类外向、开放的村落，往往领域意识弱而非农产业发达。比如张店村，由于村落非农产业发达，因而村落总体布局常常较少顾及耕作距离而朝有利于商业的集中聚集式发展。由于商业和非农产业对外交通联系需求强，故交通网络呈一个相对外向的、内部繁荣、交往便捷的状态。正因为对外联系的加强，阻碍联系的寨墙往往会拆毁，传统的公共建筑演化更为彻底，而新兴公共建筑的形式也更加现代，使用方式也更加专业。由于领域意识弱、公共意识强，街道空间会更开放，街道行为的社会性更强，同时，聚集式空间布局也可以使邻里交往的范围更广，数量更多。

以上两种类型的传统村落表明，在相似的历史风貌下，传统村落之间内在的差异性使得传统村落必然具有不同的演化发展模式，因而对于传统村落保护发展政策、规划的制定应该结合具体的村落特性进行。

6.7　扩大地域范围的进一步探讨

6.7.1　不同地域传统村落的共同特征

为了更广泛地了解传统村落的普遍状况，本节又选取了不同地域的五个案例村落与朱洼村和张店村一起来进行更大范围的比较研究，这五个案例都是在其所在区域较为知名的传统村落，分别是华北区域的北京市门头沟区琉璃渠村、西北区域的陕西韩城党家村、华东区域的安徽黟县西递村、东南区域的福建晋江福全村、西南区域的贵州贵阳市花溪区镇山村(表 6.4)。

这些传统村落最显著的共性是具有悠久的历史，张店村的历史可追溯至汉代，琉璃渠村、党家村均创始于元代，历史发展最晚的镇山村也起源于明代。传统村落的历史起源虽然各不相同，但大多数村落现仍然保存有一些传统的风貌，呈现出新、旧并存的村落格局；因此，很多村落都被评为国家历史文化名村和各级各类文化遗产，例如朱洼村、张店村、琉璃渠村、福全村都是中国历史文化名村，西递村、党家村、镇山村均被评为历史文化遗产。

自然发展的传统村落大多数起源于家族的聚居。例如，朱洼村和张店村都是单主姓聚居的村落，西递村以“胡”姓家族为主，党家村以“党”“贾”两大家族为主，镇山村以“班”“李”姓家族为主，但是有的村落由于其特殊的起源并不以某一类家族为主。例如，福全村兴起于海卫的军事设施，当时明朝将领带领数千名士兵驻守，后来在此繁衍后代并依姓氏分片居住形成“百家姓，万人烟”的“众姓合族”格局；琉璃渠村是由于清乾隆年间朝廷设立琉璃局而兴盛，由于生产工人和管理官员来自各地众姓混杂，因而也不以某一主姓家族为主。

表 6.4　不同地域传统村落的比较

村落名称		北京市门头沟区琉璃渠村	陕西韩城党家村	河南郏县朱洼村	河南郏县张店村	安徽黟县西递村	福建晋江福全村	贵州贵阳花溪区镇山村
人口		2 295 人	1 400 人	2 010 人	3 318 人	1 060 人	1 500 人	600 人
地域分布		华北区域	西北区域	华中区域		华东区域	华南区域	西南区域
传统村落的共同特征	历史起源	元	元	南北朝	汉	唐	唐	明
	宗族聚居	杂姓	两姓(党、贾)	单主姓(朱)	单主姓(张)	单主姓(胡)	众姓合族	两姓(班、李)
	受风水影响的选址	东面临河,三面临山	东西走向呈“宝葫芦”状,形成依塬傍水之势	两条水系之间,平面呈“一叶扁舟”	三面临山,北临如水,像一把倾斜的“油壶”	群山环绕,三溪交汇,呈“船”形	“三山夹一城”的“葫芦城”	三面环水,一面临山
	演化方式	渐进式	渐进式	渐进式	渐进式	渐进式	渐进式	渐进式
	传统公共建筑	庙、万缘同善茶棚	庙、祠、碑、文星楼、看家楼	庙、祠	庙、祠	祠、牌坊、走马楼	庙、祠、牌坊	庙
地域文化背景特征	文化特征	北方文化	关中文化	中原文化(受晋商文化影响)		徽商文化	闽南文化	贵州布依族、苗族文化
	基本居住单位	北京四合院	窄形合院,堂屋不采用“一明两暗”	传统合院、半拉子院		“四水归堂”的天井院	石厝、番仔楼、石屋	独院、开放式、联排式合院
	建筑特色	官式做法和琉璃材料	木、石、砖三雕	红石		以清白为主色调的局部雕饰	白石红墙、“出砖入石”	干栏式,石与砖的结合
	宗族聚居	无	两个宗祠	一级宗祠		总祠—分祠	全祠—分祠	无
宗教信仰特征		三官庙、关帝庙	菩萨庙群,关帝庙群	关帝庙群、五虎庙	黑龙庙、火龙庙	不详	马祖庙、临水夫人庙、铺镜神庙	武庙
战争防御特征		无	有寨墙	有寨墙	原有寨墙,已毁	无	有寨墙	有寨墙
经济产业特征		商业和琉璃烧制	农、商并重	传统农耕	商业	商业	舶运/军事要塞	传统农耕
发展类型		外向型	内向型	内向型	外向型	外向型	内向—外向综合型	内向型

传统村落的选址多受风水文化影响,普遍都讲究与山水自然的关系,许多村落依据风水象形“喝形”而成,如朱洼村像“舟”;张店村像“油壶”;西递村盆谷而居,周边群山环伺,呈“船”形;党家村村南有泌水绕行,形成依塬傍水之势,呈东西走向的“宝葫芦”形;福全村选址“三山夹一城”也呈

“葫芦形”。

除了当前正在建设的新农村区域之外，这些传统村落的整体空间体系都可以明显分为原有古村落部分和近代衍生的新村落部分。例如，西递村除了原古代村落之外，20 世纪 90 年代在村落东北部沿原主街巷衍生出一些新建房区域，2003 年后，又在距村落西南两公里外的公路两侧建设了 50 公顷[①]的西递新区。镇山村自 20 世纪 80 年代以来，随着人口扩张与开展旅游业的需要，上寨与下寨新建起一批砖砌住宅形成一片衍生新区域。党家村很早就呈现出沁阳堡和原有村落相分离的“村寨分离”现象，琉璃渠村和福全村也可以分为中心区的古村落和外围发展的衍生新村落两部分。

传统村落的宗族属性决定了“以祠为聚，以庙为安”，旧有传统公共建筑大多数都包含庙宇、祠堂这两种最常见的类型，有的还结合有牌坊、戏台等。就像朱洼村的祠堂一样，许多村落的祠堂虽然失去了它原有的作用，但是传统的痕迹仍然存在，党家村的祠堂和张店村一样，后来成为村委会。由于村落祠堂往往是非居住建筑性质，其原有的特征使它在不同的历史时期又重新成为新的公共活动场所。当然，有的没有宗族环境的村落如琉璃渠村就没有宗祠，镇山村由于少数民族的习俗也没有宗祠。

不同地域的传统村落所表现出的共同特征实际上是由传统村落共同的家族聚居方式、村落起源时期共同遵守的风水选址原则所决定的，经过类似的渐进式演化过程幸存下来的传统村落自然具有新、旧部分共存的特征，这些保存下来的传统村落大多数都具有“宗祠”和“寺庙”，这与传统村落与生俱来的宗族社会环境分不开。总之，不同地域传统村落所具有的普遍共性，是由不同传统村落所共同经历的历史环境决定的。

6.7.2 影响村落特征的主要因素

除了共同经历的历史环境使不同的传统村落具有一些共性外，不同的地域背景对传统村落也有一定影响：同一地域的传统村落往往表现出类似的特征，不同地域之间的传统村落则表现出很大的差异性。

前文已分析了朱洼村和张店村基本处于同一地域，两村由于处于同样的地理环境，具有类似的发展历史、相同的民情民俗、同一社会政治管理单元和共同的社会政治制度等，在方言俗语、基本居住院落、生活方式、建筑风格特点、家族聚居方式等方面都具有同样的特征，具备鲜明的特色，并形成一个文化圈。这一文化圈在建筑上的标志之一是使用红石材料；标志之二是院落布局受到

① 1 公顷＝10 000 平方米。

“晋商”文化影响呈现一种“窄院”的空间模式，而采用“窄院”模式的地域范围更广，包括河南省洛阳、平顶山、南阳、三门峡、郑州、许昌、漯河、驻马店及豫北部分县市。这些地区明代以来共同经历了李自成起义和捻军起义等战争，还受到相邻地域山西的影响，主要是受到明初山西移民潮和清代晋商的影响，其文化特征是注重宗族、农耕和防御。

从更广范围来说，这一文化圈又属于中原文化的一部分，具有中原文化的一般特征，如合院融合了暖温带的气候特点和儒家的伦理观念（长者居上、幼者居旁等），堂屋的开间一般取三或五的阳数，房屋向南开窗立门以利通风采光，北向较封闭以利御寒等。但同时这一文化圈的建筑特征也与中原地区内部其他区域有明显的差异，如河南西部干旱丘陵地区原有的采用窑洞和地坑院的形式，河南北部太行山区多用青石墙体、石板瓦等材料，河南南部地区则多为瓦屋，屋脊起翘曲线较大，多用空斗墙等。

从全国的范围来看，不同地域背景传统村落的差异，首先体现在基本居住单元和生活行为方式上。例如华北区域琉璃渠村的许多居住院落采用了北京四合院的形式，这些普通院落有的采用了官式做法：南、北屋是硬山合瓦顶，东、西屋采用卷棚顶，廊子绕行一周，砖墙磨砖对缝，院落基址高进深大，与朱洼村和张店村的院落相比明显更为气派。西北区域党家村的居住院落虽然与北方合院形式接近，但常常采用窄院的方式，由于堂屋通常不作为日常生活空间而是作为礼仪和祭祀空间，因而堂屋布局较少采用北方民居中广泛采用的“一明两暗”式分隔方式，这与朱洼村和张店村的院落也是很不相同的。华东区域西递村的居住合院通常面积较小，被称为“天井院”，寓意“四水归堂，财源滚滚而来”，这种狭小的天井院落模式与朱洼村和张店村的院落模式显然也有很大的差别。

其次，地域背景体现在传统村落不同的建筑风格上。由于地域的不同，各地建筑所采用的材料、构造也各有特色。例如，华北区域的琉璃渠村由于生产琉璃，许多建筑都采用了本地烧制的琉璃材料和琉璃饰件，如过街楼城台券洞上的殿堂为硬山琉璃瓦顶，正脊内、外侧是琉璃五彩花卉，檐下悬琉璃匾额，前后栏墙由六角形“龟背锦”琉璃面砖装修等，具有不同于普通民居的特色。西北区域的党家村建筑在空间上融入了晋、陕两地特点，门楼是重点装饰的部位，门廊两侧耳墙多以四方面砖镶砌，门前有上马石，门下则有各式各样的抱鼓石或门墩，木、石、砖三雕的精美是其特色。东南沿海的福全村很多采用白石墙裙、红砖墙面、硬山式屋顶，由于很多房屋都是居民利用废墟上的碎砖瓦乱石砌筑房屋，创造出了一种“出砖入石”的建筑形式。这与朱洼村和张店村采用红石材料和青砖组合成墙体有异曲同工之妙。

再次，地域背景的差异也体现在各地域宗祠和庙宇的差异上。朱洼村和张店村都是单主姓村落，与同是单主姓的西递村却有很大的不同：西递村的宗祠分为总祠和多个分祠。福全村由于是众姓合族，因而具有全词和分祠的区别，而朱洼村和张店村都只有一个宗祠。

由以上分析可知，地域背景对传统村落产生了影响，在同一地域背景下，传统村落相同的文化特征、基本居住单位、建筑风格、宗族聚居方式等方面往往具有共同特征，而不同地域背景的传统村落，其文化特征、基本居住单位、建筑风格、宗族聚居方式等方面则存在较大差异。

此外，一些不同于地域背景但又与地域相关的如宗教、军事防御、社会经济产业等因素也对传统村落产生了影响。例如，由于宗教信仰的差异，各地庙宇的种类和数量有很大不同。琉璃渠村因有官办的琉璃生产机构，设有“三官阁”专门供奉天官、地官、水官，而福全村因靠海，除了城隍庙、土地公庙、关帝庙外，还有相关的妈祖庙、临水夫人庙等。

战争与防御对于传统村落也具有重大影响。在传统村落的发展过程中，许多村落都十分注重防御，如相近地域的党家村、朱洼村、张店村在明、清两代受到李自成起义和捻军起义等战争影响，都建有寨墙，福全村为防倭寇也筑有寨墙，镇山村也有寨墙。其中党家村的防御最为慎重，除了专门为避灾建泌阳寨之外，村内各巷道均有哨门，平时处于关闭状态，还在临河一线建造了石砌墙基的砖砌高墙。与之相反，有些商业发达的村落则较为开放，防御设施较少，如琉璃渠村和西递村都没有寨墙。

社会经济产业对于传统村落也具有重要影响，有的村落如朱洼村、镇山村以农耕为主，党家村除农业外有部分商业，而西递村和张店村具有经商的传统，琉璃渠村则以生产和商业为主。

在本章上一节中曾分析了属同一地域的朱洼村和张店村表现出内向、外向两种不同的发展特征类型，实际上村落所具有的内向、外向的属性并不受地域背景的影响，而主要是与战争防御、经济产业等因素有关。例如，琉璃渠村没有寨墙防御体系，以生产琉璃为主要产业，靠近运河和铁路，是一个外向型的村落；张店村和西递村都有经商的传统，目前都没有寨墙，也是外向型的村落；福全村比较特殊，一方面历史上福全村作为军事设施具有很强的防御性，其丁字街的路网形式也体现了其内向型的特征，另一方面福全村的产业并不以农耕为主，而是一个海运的港口，具有外向开放性的一面，因而福全村是一个内、外向综合型的村落。除此之外的党家村、朱洼村、镇山村都有寨墙，都从事与农业生产相关联的产业，呈现出内向型的特征。因而本书提出的对于传统村落划分为内向、外向型的类别对于不同地域的传统村落都具有一定的适应性。

第 7 章　传统村落的特征和生存之道

7.1　传统村落的特征

7.1.1　传统村落院落的最大特点就是具有较强的调和性

以居住院落模式为例，从有利于居住者的实际生产生活出发，院落空间由原来的中轴对称变为非对称，居住行为也往往根据空间和环境的变化加以调整。例如，院里行为在冬夏之间就明显不同，居住院落尽管在功能的需求上非常复杂，需要考虑家庭的饮食起居、会客接待、宗教仪式、文化娱乐、生产劳作等诸多方面，但空间在功能的使用上是模糊的，这也有利于居住者方便地进行调整。许多家庭都有一间或几间耳扒儿没有布置床而空置，这种空置实际上预留了农忙收获季节对重要农作物的存储空间，有的是为了适应农村老人在几户子女间轮流养老的需要。因而居住院落所具有的调和性对村民家庭来说至关重要而不是可有可无的。

传统村落空间和行为的这种调和关系和现代建筑学的功能至上主义是恰恰相反的，建筑学的主流方法论常常注重设计与目标的“切合”(tight fit)，以尽可能提高空间和其他资源的利用效率。但是传统村落的许多案例并没有追求这种空间利用效率的最大化，许多行为发生的空间并不固定，有些空间利用效率不高，往往通过增加更多的空间层次来获得私密性。这些看似“不合理”的空间利用方法恰恰反映了传统村落院落不同于现代城市建筑的特征。“传统住宅和现代住宅的区分不仅是形象上的，而且是功能和观念上的。在功能上，传统住宅通过功能综合实现较大的功能适应性，而现代住宅在功能划分和优化的进程中逐渐丧失了功能变化的适应能力。在观念上，传统住宅采用的是以不变求永恒的持续发展的长远战略，而现代住宅则被急功近利、杀鸡取卵的短视心态所操纵。”①

正如阿摩斯·拉普卜特所说，文化与环境之间不必过分拘泥于切合，一味苛求会适得其反，有时候建成空间与人的行为保持一种“调和”的关系，更能够适应环境的变化而保持一种长久的支持

---

① 贾倍思，王微琼. 居住空间适应性设计[M]. 南京：东南大学出版社，1998.

力(阿摩斯·拉普卜特,2004)。因而对于传统村落的建筑设计,应该采用一种更加调和、灵活、适应性强的开放性的设计方法,这种设计方法只是提供一种大的组织框架,而框架之中的空隙要由使用者来填充。

7.1.2　传统村落的居住模式具有对特定群体的适应性

调查地区广泛分布的"半拉子"院产生的原因之一,是由于普通百姓经济条件的限制,大多并没有能力一次性建成构成传统合院的所有配房,有的极贫困的家庭,只有主房和周边的一些简易棚子,没有正式的围墙,用废砖或植物围合形成院落。其次是因为农村建房用料和施工都较差,使用寿命和周期较短,现状的建筑都是多次修建,多次维修,各种材料混合。院落内外随处可见砖瓦等建筑材料,意图在适当的时机再次进行修建,建造时间永远处于未完工状态,是名副其实的"半拉子"院。

雷振东在其博士论文中曾举例写道:"2004 年,我父母在老家要建一座新宅院,来征求我的意见,于是我在电脑上做了一套方案,满怀信心地回家给父母看,但遭到了意想不到的反对,后来通过交流,我才恍然发现,其实在父母的心中早已经有了一个真正理想的空间模式,其本质仍然是村落里最常见的一种空间布局模式,一种全新的外来模式即便能融入村落环境,但也不一定能融入乡村人的心中,或者被这样的一个社会所接受,乡村人有自己的理想、观念,也受到社会看法、习俗的约束,其接受现代新事物的意愿存在,但步伐有节制。"①

在广阔的农村,当地社会的经济基础决定一切,通常在城市生活中普遍的合理并不一定意味着合适,专业技术上的先进并不一定意味着进步。反过来,传统村落中低级实用的做法并不一定是不科学的,传统村落中自发形成的居住生活模式并不一定是没有价值的,传统村落中人在接受一种思想或引导方向的时候,首先考虑的是经济的支撑程度,其次才会考虑综合价值的效益(雷振东,2005)。

因而,传统村落现有的居住模式适应了村民普遍低收入的经济水平,如果贸然引入城市住宅的居住模式,则可能超出村民的经济承受能力范围。特别是对于村落中的弱势群体,如一些孤寡老人和贫困家庭,在目前的生活居住条件下,他们还可以维持最低消费的生活,自己在院里种菜养牲畜,采用井水、柴禾等不花钱的自然能源,尚拥有一些无形的社会资源。对于弱势群体而言,如果没有外界强力的经济支援而脱离目前已适应的生活居住环境,生活将面临更多的困难。

所以,传统村落的保护发展规划中应注重不同村民群体经济上的适应性,并尽可能照顾到贫

---

①　雷振东. 整合与重构:关中乡村聚落转型研究[D]. 西安:西安建筑科技大学,2005.

困阶层、孤寡老人等弱势群体的利益,降低规划设计对各个阶层,尤其是弱势群体的利益侵害,让传统村落的发展成果惠及全体村民。

7.1.3 在时空发展的历史视野中

传统村落人与环境形成的动态平衡体系因社会、家庭的延续性而具有历史传承的内在动力。本研究发现,传统村落演化方式本身具有一定的历史传承性,分家使得居住院落获得使用者的历史延续,村落整体的演化也体现为一种新旧共存的形式。实际上,如果没有外界的影响,传统村落的演化也不是单向的脱离传统,而具有历史传承的内在动力。

综上所述,本书的结论是经过漫长历史的发展,传统村落的人和环境组成一个密不可分的整体,形成了人与环境相互渗透的动态平衡关系。在这种平衡关系里,空间和行为之间既调和又具有适应性,这对于传统村落环境使用者的生活具有积极意义;随着时间的变化,人与环境所形成的整个系统也随之变化。一方面,这种变化受到传统村落社会家庭本身延续性的影响,在演化的同时也具有历史传承的内在动力;另一方面,村落具有的内在因素也可能使村落的发展具有不同的模式。

本书的结论发现了传统村落中长期遭到忽视的一些内在因素,以及这些因素对于传统村落的可持续发展具有的重要意义,即传统村落现有的居住模式对于当前村落居住者具有积极意义,传统村落居住者的分家行为对于历史文化的传承具有积极意义,传统村落的村落原始空间和行为方式对于村落未来的发展模式具有重要意义。这提示我们在今后传统村落的保护发展中,要更好地关注村落目前的居住院落和村落整体空间状况,维护村落居住者的利益,让居住者参与到传统村落的保护发展中来。

对于传统村落的历史传承其实并不需要刻意去追求传统的形式或表现,有时候对传统院落的刻意保护反而限制了它的自然发展,这种实例在传统村落中比比皆是。例如,朱洼村对临沣寨实施了多年的严格保护,不允许村民对自己的院落进行更新,这既影响了村民生活,实际上也导致大批传统院落颓废失修,更严重的是大批传统院落的空置保护也影响了村落的正常发展。

对于传统村落的历史传承,应与当地村民家庭自身的分家继承结合起来,合理地规范、控制分家所带来的院落自身的进化或演化。只有村落居住者的代代相传,才能真正延续和传承历史文化,村落的生命在于其中世代定居的村民的活动,依附于人的村落才是有生命的,而那些经过了很好的保护却缺乏适宜村民活动的村落则迈向了死亡。因而,传统村落的历史传承应从物的视角转到人的视角,增强对村落居住者的教育、引导,促进历史文化的真正传承,帮助村落居住者对空间的传承而不是阻碍、改变村落居住者的自然延续。

7.2　对于传统村落保护发展的新认识

随着历史的发展，传统村落本身也在不停地演化发展，传统村落是不同历史时期发展的产物，严格意义上讲，对传统村落"完全真实性"的保护是不可能存在的。

传统村落是人和环境形成的动态平衡体，作为实物建筑群体，传统村落裸露于风霜雨雪日晒的自然环境之中，对它们的保护也不可能像对待古玩字画一样放置在恒温恒湿的环境中企求一成不变，而且仅仅保持建筑及其环境的现状也是不可取的。随着经济发展社会进步，居住在传统村落中的居民不可能永远停留在过去的生活模式之中，他们也有提高自己生活水平的迫切愿望。

因而，"保护历史的真实性和风貌的整体性在于如实呈现出城镇发展变化的过程，应当是各个时代建设的拼贴和集成，而不是某个鼎盛时期的定格。所以关键是要让各个时期建筑能'和谐相处'，新建筑在体量高度上，要尊重原有地块肌理，并要强调历史的可读性"。[①]

本书从传统村落的普通居住院落入手，研究了院落组合方式和村落整体空间等内容，在空间与行为、历史演化与发展等方面得出了一些总体性的结论。然而关于传统村落的保护发展问题，笔者认为由于传统村落地域的千差万别和所处的时代不同，面临的问题和解决方法不能一概而论，并没有一剂包治百病的"良药"。对于传统村落保护发展中的一些极其重要的问题，例如传统村落保护发展以什么为基础和落脚点？保护发展以什么为重点和核心内容？传统村落的保护发展应该采用什么方法？保护发展的终极目的又是什么？目前许多的研究都很难得出一个统一的或较为圆满的解答。

基于本书的具体案例和相关区域，基于写作前后这一特定历史时期，本书在研究的过程中，对于以上传统村落保护发展的重要问题产生了一些不同于以往的全新认识，需要说明的是这些观点是在特定区域、特定时期的研究中自然得出的，仅对于当前相似区域的传统村落具有一定的参考价值，至于别的区域或别的历史时期，可能会具有完全不同的认识。

1）传统村落保护发展的基本单位和落脚点是居住院落而不是单栋的建筑物

本研究发现，至少在所调查的中原地区，传统村落的基本空间单位是居住院落，传统村落以家庭为基本社会单位，一个家庭就是一个院落，因而居住院落是传统村落的基本空间单位，院落可以由若干单栋建筑和院子组成，如果把其中的单栋建筑看成传统村落基本的空间单位，就忽略了院落内在的社会属性和复杂的空间行为关系。

---

① 阮仪三，袁菲. 再论江南水乡古镇的保护与合理发展[J]. 城市规划学刊，2011(05)：197.

2）院落组合方式的控制应该作为传统村落保护发展的最关键内容之一

本研究发现，居住院落内部具有高度的调和性和适应性，对于居住院落整体上的控制主要在于控制院落之间的组合方式，院落组合方式的控制对传统村落而言是至关重要的问题。

本书专门探讨了院落不同的组合方式形成传统村落不同的空间肌理，院落组合方式对所在村落空间形象具有决定性的影响，判断一个村落是老村落还是新村落或者是新老结合部的村落，完全可以从其不同的院落组合方式分辨出来，所以我们在传统村落的空间规划上必须对院落组合方式加以控制。

院落组合方式还关系到其他很复杂的方面。例如交通，院落组合方式影响到不同家庭院落的出入口方位和出入方式，出入方式等交通状况又会影响到村落的整体产业，影响到传统村落整体的活动，所以院落组合方式的控制应该是传统村落保护发展的重要核心内容。

此外，院落组合方式还关系到村民住户之间的关系，即一个院子跟另一个院子之间的关系，在农村这种院落之间的关系有时候会引起非常严重的后果。在距离本书调查对象朱洼村不到 40 公里的邻县河南省鲁山县梁洼镇北店村，曾发生一起持刀致 8 人死亡的杀人案。事情的起因是由于被害者家的院落大门上安装了一面镜子，犯罪嫌疑人认为影响自家院落的风水“不吉利”，于是发生口角并最终引发悲剧，被害者涉及 3 个家庭，包括 3 名小孩、2 名老人和 3 名成年人①。在传统农村类似这种院落关系引发的矛盾还有很多，有时候院落之间的矛盾还与农村的宅基地相关联，因而院落组合方式问题应该作为传统村落保护发展的一个关键内容给予足够的重视。

3）院落和院落组合控制的基本方法不宜固化，应通过院落模式调适和公众参与来实现

农村建设方式与城市有很大的不同，过去有的地方常常用城市建设的思路和方法去指导农村建设。例如新农村建设高潮的时候很多地方都汇编了包含几十个到数百个单体建筑方案图集让农民去选择，有的也做了一些硬性的村镇规划，但效果并不理想。

本研究指出，传统村落在当地具有一种基本居住模式，在本书调查区域的基本居住模式就是半拉子院的居住模式，在这种抽象的院落模式原型之下，具体某一户人家的院落如何布局，需要在基本模式下进行一些个体的适应性修正。本研究显示：老百姓家里盖房子通常不会完全按照农村住宅设计图集中的某份图纸来建造，他们心里往往早就有一个模式，那就是村里某一家的布局，或者是某几家布局样式的综合等，这一过程其实就是模式的具体调适。不同于外来设计的僵化，这一模式调适过程主要由村民自己主导，因而更加贴近他们的实际生活（图 7.1）。

---

① 苏岚. 疑因风水起纠纷，鲁山一男子刀杀 8 人[N]. 南方都市报，2014-5-22.

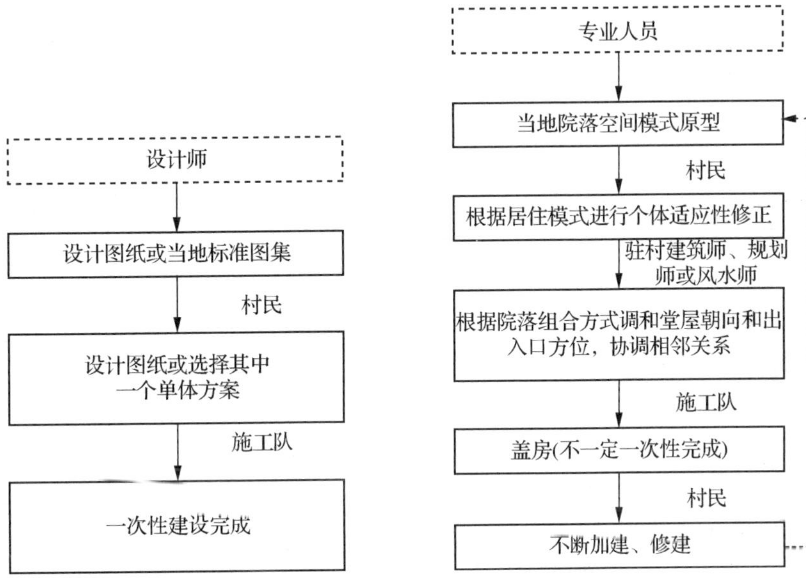

(a) 过去常用的硬性固化方式　　(b) 模式调适和公众参与的方式

图 7.1　传统村落建设的两种不同方式

但是对于院落之间的组合关系却需要给予一些指引，例如建议村民院落的大门开在哪里比较好，对着哪一条路比较好，就像过去风水师所做的工作一样，现在由一个建筑师(或者是规划师)来承担这一角色。建筑师(规划师)除了需要具有整体布局的专业知识之外，还要有一定的当地的“风水”常识。所谓“风水”常识并不同于专业堪舆上的“风水”，而是老百姓口中的“风水”，是当地老百姓的一种约定俗成和长期形成的一套村落居住潜规则。通过这样的引导，才能更好地协调村落中各个住户之间，一个院落跟一个院落之间的关系，才能够让一个传统村落维持它原有的内在肌理并进行自然更新。

因此，传统村落要确定一个院落的组合方式并不是由某一个人说了算的，一个院落的门开在这里，另外一个院落的门开在那里，是一个公众参与的社会化问题，而不是采用一个城市通行的固定的模式或硬性规则来固化，这个方法会给传统村落带来更多的丰富性、灵活性以及更大的生机和活力。

4）当前农民的核心利益是宅基地，其实就是居住院落，保护居住院落，就是给予传统村落弱势群体更多的生存机会

传统村落保护发展的目的是什么？传统村落的问题说到底是一个利益问题，不同利益阶层对传统村落的期望是不一样的，有人希望传统村落能够把文化传统延续下来，也有人希望传统村落

早点消失变成现代化的城镇。从这一角度来说，传统村落无论保留也好，不保留也好，都不是本书最为关心的命题。

然而，我们无法不去关注当下在传统村落生活的老百姓，调查发现目前在传统村落生活的大多数是老人和小孩，有些是很贫穷的人，他们都是弱势群体。那么他们的利益是什么？他们的利益就是他们赖以生存的院落。本书为什么一定要强调传统村落的院落呢？因为农民的问题主要就是土地的问题，土地的问题除了田地之外就是宅基地，宅基地上农民的核心利益就是他们的院落。

现在有的开发商出于利益的需要觊觎着农民的宅基地，把农民的院落拆了，在新农村补偿一个二层楼的新房，认为这样对于农民很公平。其实这样农民目前赖以生产和生存的院落就丧失了，也就丧失了最基本的利益；换句话说，很多农民在目前拥有的院落里能够进行很低成本的生活，正如本书所调查的，有的农民一个月一百多块钱也能够过生活，家里没有通电也能够生活，而且这种生活对他来说是可以持续的生存方式，但是搬到新房之后，由于压缩了最基本的生产和生活空间，可能他就无法按照原来的模式生存生活了。

这就是本书最重要的立足点：希望能够维护传统村落弱势群体最基本的权益。实际上正是这些弱势群体需要这样的传统村落，他们需要这种生活方式，因为这种生活方式能够给予他们最基本的生存机会，否则他们所面临的未来就可能更艰难。所以从这个角度来说，我们强调传统村落的居住院落能够保留，希望老百姓的基本利益不要受到损失。只有在此基础之上，才谈得上保留传统村落的历史文化传统和非物质文化遗产，增加现代化的配套设施等内容让他们生活得更美好。

7.3 对传统村落规划设计的建议

正如本书结论所言，传统村落是一个动态平衡体，内部有各种复杂的关系和联系，规划设计的作用其实在于调整和平衡内部各种关系和联系，从而维持平衡体的发展。相反，如果规划设计割裂了传统村落内在的各种联系，往往会引起村落发展的失衡。传统村落不仅包含一些物质空间形态，更是人和相关环境相互渗透、动态平衡的综合体。因而，规划设计的方法应该更加强调规划上的公共参与，关注政府、村民和专业技术人员之间形成高效率的多边合作；更多地关注人与环境（包括人与自然环境以及人与社会人文环境）的平衡关系，更加注重规划本身的灵活性对环境的可适应性，以维系和改善村落内部各因素的联系，平衡各利益之间的关系。

7.3.1 树立为使用者服务的价值观

传统村落的保护发展由于涉及利益众多，常常不可避免地包含个人或者特定利益群体的价值判断，过去涉及传统村落的规划设计中，容易偏重于两种价值取向。一种是单纯偏重于传统村落的物质和文化形态，注重文化遗产和历史遗产价值，表现为一种过度强调保护的倾向；另一种是以个人或者特定利益群体（外来者）的目光和价值来做判断，注重传统村落的经济价值，往往表现为一种强调村落经济发展和商业开发的倾向。

这两种倾向都没有完全顾及传统村落实际居住的利益，只有传统村落的实际居住者才与传统村落的未来命运息息相关，脱离村落居住者的任何价值倾向都不利于村落的真正发展。因而，传统村落的保护发展中应树立为居住者服务的价值观。

正如阿摩斯·拉普卜特所说，“设计要为使用者，而不是为设计者服务，要理解这种有利于使用者的环境属性，就要明白文化的作用”①，因而树立为传统村落居住者服务的价值观，就需要更加了解传统村落居住者的生活和文化。

因而在传统村落的保护发展中，不应盲目引入其他的居住模式来改变村民的生活，而应正视村落本身的居住模式所具有的历史传承价值和实用价值，加强对现有院落居住模式的保护、发展和利用。

7.3.2 “调和”和“适应”的新设计模式

在传统村落中，各类纷繁复杂的居住院落都具有统一而明确的原型——院落空间模式和行为模式，这种空间和行为模式往往具有调和的关系，而具体的居住院落只需要在此模式基础之上适应即可。事实证明，这种方法对于经济不发达的传统村落是行之有效的。

目前许多地区对于农村住宅的建筑设计普遍采用设立该地区建筑标准图的方式来指导村落建设，这种方法与传统村落模式调适的方法相比有一定局限性。一方面传统村落的原型来源于漫长历史时期的实践和修正，具有空间行为的调和性，而标准图则来源于个别设计师的统一化设计；另一方面，传统村落具有的风水意识、各类乡规习俗会对原型进行修正，而标准图在实际运用中缺乏专业人员长期参与的适应性修正。

这就要求传统村落的建筑师具有“调和”和“适应”的理念，不再简单地将创造空间的设计绘图

① 阿摩斯·拉普卜特. 宅形与文化[M]. 常青，等译. 北京：中国建筑工业出版社，2007.

当成职业的首要任务，而更加关注如何帮助居住者实施居住空间原型在日常生活中的“调和”和“适应”。建筑师不仅仅是通过“图样设计”来对建造实现控制和主导的设计者，而且可能是村民之间的教育者、联络者、引导者，通过对传统村落居住者原有居住模式的认知、改良，帮助村落居住者获得更加专业的服务。这种基于环境行为学、人类学和其他相关领域调查研究之上不断调整的设计理念，将丰富和完善长期以来建筑学专业“设计”的方法，创造出更加富于适应性和支持力的空间环境。

7.3.3 参与式规划设计方法

传统村落的大多数建筑很大程度上都包含了初步的使用者参与的因素，计成也曾说传统住宅园林的品质靠“三分匠人七分主人”。我国《城乡规划法》要求村庄规划完成后，报送审批前，必须要经村民会议或者村民代表会议讨论同意，并参与式设计适合传统村落这类使用对象明确、实用性要求高的项目对象。

现代的居民参与住宅设计起源于20世纪60年代的西方社会，公众参与性设计（community participation in design）是让社区有关的各方参与到规划设计决策中来。对于传统村落而言，这些主体包含政府机构成员、专业技术人员、村民和村外社会组织等，他们都作为提供设计理念的一员，公众参与设计的过程也是一种相互教育、沟通、理解的过程。

传统村落的参与式规划设计中，应特别注重村民的参与，体现在前期资料收集和评估阶段，村民是主要的资料提供者和参与评估者。在规划设计阶段，村民对规划进行评判并提出修改意见；在规划实施阶段，村民有时候作为实施的主体，有时候亲自参与。在村民的参与过程中，应尽量采用村民可以理解的、通俗易懂的方式。例如，尽可能采用面对面交流的直接参与形式，采用模型、效果图、视频资料、实景图片等形象生动的形式，另外，还可以建立开放式展室、流动式展室等，此外，专题讲座、培训也是村民乐于接受的形式。

专业技术人员在参与规划设计过程中，应尊重当地的风俗习惯和行为模式，虚心向村民学习，理解各方的利益所在。作为参与式规划设计具体实施者的规划建筑师，应综合各方意见和利益，充分发挥统筹和沟通作用，事先策划好参与设计的程序和提供可供选择的措施并全程参与。

政府机构扮演的是宏观调控、政策制定传达及督促实施的角色，应进一步完善传统村落的政策、法规和配套标准。社会组织则扮演协调利益相关者、开展技术援助、方案制定、教育培训等角色.

在传统村落规划设计中采用参与式规划设计的方法，既尊重了当地的经济、社会现状，也平衡了各方面的利益。

7.3.4　指引性规划设计内容

本书提出，由于传统村落空间行为所具有的特性，过于具体的设计内容一方面难以适应传统村落的具体情况和变化，另一方面也难以具体实施，因而传统村落的规划设计内容应该具有一定的柔性和宏观指引性。结合上文对传统村落保护发展模式的建议，仍以朱洼村和张店村为例，对《村容整治和村内普通居住院落翻新改造的指导和管理办法》中的具体内容做一探讨。

1）对居住院落的指引和控制

根据当地情况，研究总结当地长期以来传统院落所采用的居住空间模式，确定院落的长宽比、建筑面积系数等指标。

传统村落居住院落的方位特性是院落的基本特性，关系到相邻院落的关系和院落组合的方式，因而规划设计指引中应明确每一座院落的基本方位。根据本书的研究，应该确定院落的堂屋朝向和大门朝向这两个因素，控制了院落这两个方位因素，就可以避免出现背靠背这种对双方院落都不利的院落布局，也能够更好地延续村落的传统肌理。

2）对于堂屋的指引和控制

（1）对于土改之前建造的大型多进宅院，包含有的已经被评为各级文物建筑的，对于尚有村民居住的部分，应重点保护好最有价值的堂屋。为便于院落的分裂与重组，应允许村民根据实际情况协商，局部改变院墙和开门的位置。

（2）对于新、老建筑结合的院落，改造的着眼点不应局限于卫生间等现代设施的改造，实际上，村民更愿意堂屋的平面能适应现在的生活方式，比如当门儿的宽度扩大，子女的耳扒儿增加独立的出入口等，因此，应允许村民对堂屋的平面空间做一些必要的改动。

（3）对于村民准备整体重建的院落，应允许村民采用新的堂屋平面形式，但鼓励村民使用一些传统的建筑材料和构造，这需要政府扶植历史文化村落周边的企业生产传统的建筑材料供村民选择。

3）对于院里的指引和控制

传统院落的运转不需要设备系统的维持，利用自然能源，也可对有限的物质资源进行最充分和最适宜的利用。总的来说，现阶段的规划指引不能超出农民的经济支付能力。规划指引应根据村落经济发展的实际情况确定不同群体、不同阶段的指引方案，对不同类型的院里使用行为进行分类规范指引。

指引应推荐院落空间层次序列的，统一推荐水井的大致位置，应靠近院落临近道路一侧的边缘，便于院落中活动的进行，也便于条件成熟后集中安排自来水管道，统一规定茅子的大致位置，便于以后市政排污管道的统一铺设。

4）对于村落肌理的指引和控制

应特别注重对院落组合方式的规划引导。原则上，老寨区的院落建设应该在原宅基地范围之内进行，应根据院落的方位特性推荐采用适宜的院落组合方式，以保持原有的入户支路形成的空间关系。对于新建村落区域，应制定严格的详细规划，限定院落的组合方式，并通过入户道路设计使新村巷道空间摆脱单调模式。

对于村落肌理被破坏或者荒废的区域，应采取“愈合”的方法来维系传统村落肌理结构，使村落民居与巷道空间保持完整的图底关系。有的荒废院落可以改造为绿化空间，有的可以结合村落配套服务设施的建设要求，改建为与周边环境协调的建筑，新旧建筑的间隙可以以绿化、巷道和活动空间等形式过渡。

村落肌理应规定新旧建筑的高度控制，从视觉效果出发，确认建筑高度与现存的邻里特征、待建用地的坡度对建筑高度影响、现存建筑和新建筑之间在高度上的关系，确定现存建筑和新建筑之间的高度变化渐进而连续。村落规划也应注意构成院落的一些次要元素，如东西屋、过屋等，这些附属建筑对于院落的组合也具有很大的影响。规划应限定这些院落附属建筑的体量、材料和形式，以形成丰富连贯的巷道空间。

5）对于村落公共建筑的指引和控制

对于村落原有的公共建筑，如祠堂、牌楼、庙宇等，无论其现状如何，从其空间形态到遗址都应该保留，使其固定成为村落公共空间的用地场所。对于一些社会性行为延续的传统公共建筑，如庙宇等，应与其管理人协商确定明确的用地界线、活动边界，以从法规上加以保护。而对于改变用途的一些传统公共建筑或遗迹，应协助现有的管理者做好保护修复或传承性重建的规划。

新兴公共建筑的布局应从调查分析入手，通过村民的参与现状决定公共建筑的布局，布局应保证村民日常生活的需要。其次要注意新、老村的均衡，应在方便使用的同时顾及维持老村寨的活力，而不能全部偏向新农村区域。新兴公共建筑的形式也应考虑与原有传统公共建筑的呼应关系。

6）对于村落中心公共空间的指引和控制

指引应明确村落重要的中心公共空间的位置，并制定严格的制度来保持该空间的历史形态和围合特征。划定一定界线作为该空间的保护范围，严格控制该空间范围内的建设行为，并进行周边范围的空间界面设计。

在制定村落中心公共空间严格保护政策的同时，为了避免对该空间现状行为造成影响，应尽量减少对于该空间的实际建造、改造等干扰活动，对于必须进行的空间维护计划，应通过村民参与设计后实施，以维护该空间对于历史传承的重要意义。

7）对于村落街道空间的指引和控制

对传统村落的老寨部分应该尽量维持其原有的街巷格局，对于主要街道两侧的空间界面实行控制，并通过推荐临街院落组合方式来改善街道空间界面，维持现有空间界面和行为的延续性。

沿街建筑的商业开发应综合考虑村落的人口、商业习惯和领域特性，既不能阻止正常的商业活动，也不能因为商业活动而影响传统村落整体的氛围。

8）对于传统村落的新、旧部分的指引和控制

指引应从规划的高度逐渐缩小传统村落老村落部分和新村落部分的对立，在各项规划上把新老村落作为一个整体来考虑。只有形成一个新老结合的统一社区，才能为老村落部分提供持续的生机。因而，政府应通过公共财政投入用于新、老村落统一的基础设施建设，统一整治和完善巷道、排污排水、公厕、垃圾处理等设施，改善供电网络系统，结合巷道沟渠治理管线网络等。

9）对于村落特色的指引和控制

本书对村落发展差异的分析表明，传统村落本身具有不同的内在“性格”，如不同的领域意识、产业形态等。对村落的总体发展规划，应依据村落的“性格”特点选择适宜的发展方向，对村落空间的规划设计也要符合村落的性格特点。有的内向型村落可以营造神秘安静的空间氛围，而外向型村落的空间组织可以是开放而热闹的。这样，历史文化村落才能具有独特的个性魅力。

在同质化日趋严重的形势下，拥有文化传统上的独特性就是一种资源优势，传统村落的特质就在于普遍存在的差异性。这种差异性构成传统村落今后发展的文化资源，因此对传统村落而言，其建筑遗产的合理保护，不仅是对其传统文化资源的珍重，也是对其当代文化地位的确立与尊重，更是传统村落在面对现代城市文明强势力量时，树立文化自信心的坚实基础。

参考文献

【中文文献】

[1] 阿尔多·罗西,2006. 城市建筑学[M]. 黄士钧,译. 北京:中国建筑工业出版社.

[2] 阿摩斯·拉普卜特,2003. 建成环境的意义——非言语表达方法[M]. 黄兰谷,等译. 北京:中国建筑工业出版社.

[3] 阿摩斯·拉普卜特,2004. 文化特性与建筑设计[M]. 常青,等译. 北京:中国建筑工业出版社.

[4] 阿摩斯·拉普卜特,2007. 宅形与文化[M]. 常青,等译. 北京:中国建筑工业出版社.

[5] 埃米尔·迪尔凯姆,1999. 社会学方法的规则[M]. 胡伟,译. 北京:华夏出版社.

[6] 比尔·希利尔,2008. 空间是机器——建筑组构理论(原著第三版)[M]. 杨滔,等译. 北京:中国建筑工业出版社.

[7] 陈志华,李秋香,2008. 乡土建筑遗产保护[M]. 合肥:黄山书社.

[8] 陈志华,1998. 乡土建筑研究提纲——以聚落研究为例[J]. 建筑师(4):43-49.

[9] 陈志文,2010. 蓬溪村古村落社会经济变迁研究[M]. 北京:中国社会科学出版社.

[10] 陈铭,陆俊才,2010. 村庄空间的复合型特征与适应性重构方法探讨[J]. 规划师(11):44-48.

[11] 常青,2008. 建筑学的人类学视野[J]. 建筑师(12):95-101.

[12] 丹尼·L. 乔金森,2009. 参与观察法[M]. 重庆:重庆大学出版社.

[13] 段进,揭明浩,2009. 世界文化遗产宏村古村落空间解析[M]. 南京:东南大学出版社.

[14] 丁宏伟,1986. 明清徽州祠堂建筑[D]. 南京:南京工学院.

[15] 董卫,1986. 宗法制度对徽州传统村落结构及形态的影响[D]. 南京:南京工学院.

[16] 费孝通,2005. 江村经济——中国农民的生活[M]. 北京:商务印书馆.

[17] 冯骥才,2012. 传统村落的困境与出路——兼谈传统村落类文化遗产[N]. 人民日报,2012-12-07.

[18] 范晓琳,苗琨,吕锐,2011. 古村落保护与发展对策研究——以河南郏县临沣寨为例[J]. 华中建筑(2):158-160.

[19] 房艳刚,梅林,刘继生,等,2012. 近30年冀鲁豫农业村落民宅景观演化过程与机理[J]. 地理研究(2):221-225.

[20] 冯淑华,2008. 文化生态学视角下的传统村落空间演化及其模式研究——以江西婺源为例[D]. 南京:南京师范大学.

[21] 关华山,1989. 民居与社会、文化[M]. 台北:台湾明文书局.

[22] 关华山,1996. 布依族传统家屋的构成与意义[J]. 住宅学报(2):11-22

[23] 古市彻雄,2006. 风·光·水·地·神的设计——世界风土中寻睿智[M]. 王淑珍,译. 北京:中国建筑工业

出版社.

[24] 郭瑞民,2011. 豫南民居[M]. 南京:东南大学出版社.

[25] 郭肇立,1998. 聚落与社会[M]. 台北:田园城市文化事业有限公司.

[26] 郭谦,林冬娜,2002. 全方位参与和可持续发展的传统村落保护开发[J]. 华南理工大学学报(自然科学版),30(10):38-42.

[27] 宫崎市定,1993. 关于中国聚落形体的变迁[M]. 北京:中华书局.

[28] 贺业钜,1985. 考工记营国制度研究[M]. 北京:中国建筑工业出版社.

[29] 河南省农村社会经济调查队,2005. 河南农村统计年鉴[M]. 北京:中国统计出版社.

[30] 河南省统计局,2009. 河南六十年(1949—2009) [M]. 北京:中国统计出版社.

[31] 黄应贵,1995. 土地、家与聚落——东埔社布农人的空间现象[C]. //空间、力与社会. 台北:“中央”研究院民族研究所:73-132.

[32] 黄忠怀,2003. 整合和分化——明永乐以后河北平原的村落形态及其演变[D]. 上海:复旦大学.

[33] 计成,1988. 园冶注释[M]. 陈植注释. 北京:中国建筑工业出版社.

[34] 季富政,2000. 巴蜀城镇与民居[M]. 成都:西南交通大学出版社.

[35] 郏县县志办公室,1996. 郏县志[M]. 郑州:中州古籍出版社.

[36] 郏县土地管理局,1997. 郏县土地志[G].

[37] 郏县人民政府,2009. 郏县土地利用总体规划 2006-2020 [G].

[38] 郏县人民政府,郑州大学城市规划设计研究院,2011. 中国历史文化名村——郏县临沣寨保护规划(评审稿)[G].

[39] 郏县人民政府,郑州大学城市规划设计研究院,2011. 中国历史文化名村——郏县张店村保护规划(评审稿)[G].

[40] 贾思倍,王微琼,1998. 居住空间适应性设计[M]. 南京:东南大学出版社.

[41] 金其铭,1988. 农村聚落地理[M]. 北京:科学出版社.

[42] 江盈盈,贾倍思,2009. 不同经济和社会文化背景下的建筑形态——客家围屋与徽州村落的比较[J]. 中国名城(11):24-30.

[43] 建筑科学研究院历史研究所,1984. 浙江民居[M]. 北京:中国建筑工业出版社.

[44] 康泽恩,2011. 城镇平面格局分析:诺森伯兰郡安尼克案例研究[M]. 宋峰,等译. 北京:中国建筑工业出版社.

[45] 克里斯托弗·亚力山大,1989. 建筑的永恒之道[M]. 赵冰,译. 北京:中国建筑工业出版社.

[46] 凯文·林奇,1990. 城市的印象[M]. 项秉仁,译. 北京:中国建筑工业出版社.

[47] 李斌,2007. 空间的文化:中日城市和建筑的比较研究[M]. 北京:中国建筑工业出版社.

[48] 李斌,李岳,2009. 农民动迁后的生活行为变化及评价[J]. 建筑学报(S1): 64-68.

[49] 李斌,陈晨,2011. 自然村落住宅形态与使用方式研究——以上海郊区J村为例[J]. 建筑学报(S6):116-120.

[50] 李斌,范佳纯,李华,2012. 小城镇周边农村地区居住环境变化研究——以上海市川沙镇为例[J]. 建筑学报

(11):72 - 77.

[51] 李斌,朱松,邵陆,等,2013. 农村震后重建中的环境转换研究——以汶川县映秀地区为例[J]. 建筑学报(12):59 - 63.

[52] 李道增,1999. 环境行为学概论[M]. 北京:清华大学出版社.

[53] 李和平,李浩,2004. 城市规划社会调查方法[M]. 北京:中国建筑工业出版社.

[54] 李改维,李蒙,2007. 传统村落公共开敞空间的特征分析——以陕西党家村为例[J]. 安徽建筑工业学院学报(自然科学版),15(5):44 - 49.

[55] 李立,2007. 乡村聚落:形态、类型与演变——以江南地区为例[M]. 南京:东南大学出版社.

[56] 李允鉌,2005. 华夏意匠——中国古典建筑设计原理分析[M]. 天津:天津大学出版社.

[57] 李永芳,2002. 我国乡村居民居住方式的历史变迁[J]. 当代中国史研究,9(4):49 - 57

[58] 李芗,2004. 中国东南传统聚落生态历史经验研究[D]. 广州:华南理工大学.

[59] 李晓峰,2005. 乡土建筑——跨学科研究理论与方法[M]. 北京:中国建筑工业出版社.

[60] 李浈,1999. 住文化的自然流变与传统民居的发展[J]. 新建筑(2):27 - 29.

[61] 林曒,2008. 江南水乡古镇公共空间研究[J]. 福建建筑(03):5 - 7.

[62] 林志森,2009. 基于社区结构的传统聚落形态研究[D]. 天津:天津大学.

[63] 列斐伏尔,2003. 空间政治学的反思[M]. 王志弘译. 上海:上海教育出版社.

[64] 雷振东,2005. 整合与重构:关中乡村聚落转型研究[D]. 西安:西安建筑科技大学.

[65] 刘敦桢,1957. 中国住宅概说[M]. 北京:中国建筑工业出版社.

[66] 刘沛林,董双双,1998. 中国古村落景观的空间意象研究[J]. 地理研究,17(1):31 - 38.

[67] 刘书芳,2006. 中原第一红石古寨——临沣寨探微[J]. 中原文物(5):80 - 84.

[68] 刘书芳,2008. 中国历史文化名村——临沣寨[D]. 开封:河南大学.

[69] 刘晓星,2007. 中国传统聚落形态的有机演进途径及其启示[J]. 城市规划学刊(03):55 - 60.

[70] 刘易斯·芒福德,1989. 城市发展史——起源、演变和前景[M]. 倪文彦,宋俊岭,译. 北京:中国建筑工业出版社.

[71] 刘致平,1990. 中国居住建筑简史——城市、住宅、园林[M]. 北京:中国建筑工业出版社.

[72] 路秉杰,山田水城,薛光弼,1990. 中国东海同纬度(25°N)圈内民居村落空间构成的比较研究之二[J]. 同济大学学报(自然科学版)(4):428 - 442.

[73] 卢健松,姜敏,2009. 1979—2009 年农村住宅的变化——以湖南的调研为例[J]. 建筑学报(10):74 - 78.

[74] 鲁书甜,刘书芳,王玉婷,2007. 晋商文化在中原的留痕——临沣寨[J]. 山西建筑,33(26):73 - 74.

[75] 吕红医,2000. 中国村落形态的可持续性模式及实验性规划研究[D]. 西安:西安建筑科技大学.

[76] 陆元鼎,2005. 从传统民居建筑形成的规律探索民居研究的方法[J]. 建筑师(3):5 - 7.

[77] 陆元鼎,1991. 中国传统民居与文化——中国居民学术会议论文集[M]. 北京:中国建筑工业出版社.

[78] 路易斯·H. 摩尔根,1992. 印第安人的房屋建筑与家室生活[M]. 北京:文物出版社.

[79] 芦原义信,2006. 街道的美学[M]. 天津:百花文艺出版社.

[80] 娄永琪,2002. 主体心态对居住形态的影响研究[D]. 上海:同济大学.

[81] 马航,2006. 中国传统村落的延续与演变——传统聚落规划的再思考[J]. 城市规划学刊(1):102-107.

[82] 马林诺夫斯基,1987. 文化论[M]. 费孝通,等译. 北京:中国民间文艺出版社.

[83] 马克斯·韦伯,1998. 社会科学方法论[M]. 韩水法,莫茜,译. 北京:中央编译出版社.

[84] 马赫,1997. 感觉的分析[M]. 洪谦,唐鉞,梁志学,译. 上海:商务印书馆.

[85] 孟德拉斯,1991. 农民的终结[M]. 李培林,译. 北京:中国社会科学出版社.

[86] 彭一刚,1992. 传统村镇聚落景观分析[M]. 北京:中国建筑工业出版社.

[87] 彭震伟,陈秉钊,李京生,2002. 中国小城镇发展与规划回顾[J]. 时代建筑(04):21-23.

[88] 乔迅翔,2011. 乡土建筑文化价值的探索——以深圳大鹏半岛传统村落为例[J]. 建筑学报(4):16-18.

[89] 仇保兴,2012. 深刻认识传统村落的功能[N]. 人民日报,2012-11-29.

[90] 阮仪三,2000. 历史环境保护的理论与实践[M]. 上海:上海科技出版社.

[91] 阮仪三,2011. 历史文化遗产保护的思考与理性回归[J]. 上海城市规划(4):3-6.

[92] 诺伯格·舒尔兹,1995. 场所精神:迈向建筑现象学[M]. 施植明,译. 台北:田园文化事业有限公司.

[93] 任燕,秦丹尼,李斌,2011. 江南自然村落公共空间和居住空间的环境行为研究——以宁波象山D村为例[J]. 建筑学报学术论文专刊(S2):33-38.

[94] 山根幸夫,1993. 明及清初华北的市集与绅士豪民[M]. 北京:中华书局.

[95] 邵甬,陈悦,姚轶峰,2011. 华东地区历史文化村镇的特征及保护规划研究[J]. 城市规划学刊(05):102-110.

[96] 邵陆,2004. 住屋与仪式——中国传统居俗的建筑人类学分析[D]. 上海:同济大学.

[97] 史学民,张丹,靳祥升,2011. 河南省郏县临沣寨古村落形态研究[J]. 安徽农业科学,39(5):2969-2971.

[98] 施坚雅,1998. 中国农村的市场和社会结构[M]. 史建云,徐秀丽,译. 北京:中国社会科学出版社.

[99] 孙大章,2004. 中国民居研究[M]. 北京:中国建筑工业出版社.

[100] 孙立坤,2002. 崦岈山乡下宋村解放后50年居住情况变迁[J]. 河南社会科学(6):105-109.

[101] 苏岚,2014. 疑因风水起纠纷,鲁山一男子刀杀8人[N]. 南方都市报. 2014-05-22.

[102] 谭刚毅,钱闽,2003. 合院瓦解与原型转化[J]. 新建筑(5):45-48.

[103] 谭立峰,2007. 河北传统堡寨聚落演进机制研究[D]. 天津:天津大学.

[104] 藤井明,2003. 聚落探访[M]. 宁晶,译. 北京:中国建筑工业出版社.

[105] 王冬,2012. 乡村社区营造与当下中国建筑学的改良[J]. 建筑学报(11):98-101.

[106] 王昀,2009. 聚落的启示[M]. 北京:中国建筑工业出版社.

[107] 王鲁民,段建强,2005. 略论中国传统合院住宅形式的固化与沿用[J]. 华中建筑(5):128-129.

[108] 王璐,2007. 镇山村聚落空间形态演变的探寻与分析[D]. 天津:天津大学.

[109] 王路,2010. 村落的未来景象——传统村落的经验与当代聚落规划[J]. 建筑学报(11):16-22

[110] 王其亨,1992. 风水理论研究[M]. 天津:天津大学出版社.

[111] 王其钧,1996. 厅堂:中国传统民居核心空间[D]. 北京:清华大学.

[112] 王绚,2004. 传统堡寨聚落——兼以秦晋地区为例[D]. 天津:天津大学.

[113] 王晓薇,周俭,2011. 传统村落形态演变浅析——以山西梁村为例[J]. 现代城市研究(4):30-36.
[114] 王瑛,2003. 社会学研究中的统计方法与技术[M]. 兰州:兰州大学出版社.
[115] 汪原,2008. 迈向新时期的乡土建筑[J]. 建筑学报(7):20-22.
[116] 韦峰,2009. 基于气候适应性的中原传统民居建筑研究及实践[D]. 南京:东南大学.
[117] 尉迟从泰,2008. 中原传统自然村落设施调查述略[J]. 商丘师范学院学报,21(4):71-74.
[118] 武昕,Bryan R Lawson,2004. 建筑使用者的愿望与建筑专业人士的预估之间的差别——以中国同堂住宅设计为例[C]. 第六届环境行为研究国际学术研讨会..
[119] 谢宇,2006. 社会学方法与定量研究[M]. 北京:社会科学文献出版社.
[120] 肖建莉,2004. 保护的理性呼唤——中国历史文化遗产保护管理与法规政策研究[D]. 上海:同济大学.
[121] 徐磊青,杨公侠,2000. 环境心理学[M]. 上海:同济大学出版社.
[122] 西村幸夫,2007. 再造魅力故乡[M]. 王惠君,译. 北京:清华大学出版社.
[123] 熊忻恺,2011. 历史文化村落空间形态演变研究——以北京市门头沟区琉璃渠村为例[C]. 转型与重构——中国城市规划年会论文集:7740-7759.
[124] 杨豪中,王赢,温亚斌,2011. 农村产业结构调整对村落形态发展影响分析——以关中地区为例[J]. 四川建筑科学研究,38(1):262-265.
[125] 杨豪中,张鸽娟,2011. "改造式"新农村建设中的文化传承研究——以陕西省丹凤县棣花镇为例[J]. 建筑学报(04):31-34.
[126] 扬·盖尔,2002. 交往与空间[M]. 何可人,译. 北京:中国建筑工业出版社.
[127] 杨筠松,韩少清,2008. 阴阳宅大全[M]. 北京:北京理工大学出版社.
[128] 余压芳,2006. 生态博物馆理论在景观保护领域的应用研究——以西南传统乡土聚落为例[D]. 南京:东南大学.
[129] 原广司,2003. 世界聚落的教示 100[M]. 于天炜,译. 北京:中国建筑工业出版社.
[130] 赵勇,2008. 中国历史文化名镇名村保护理论与方法[M]. 北京:中国建筑工业出版社.
[131] 赵勇,张捷,章锦河,2005. 我国历史文化村镇保护的内容与方法研究[J]. 人文地理,20(01):68-74.
[132] 赵九峰,2011. 阳宅三要[M]. 北京:华龄出版社.
[133] 张弓,霍晓卫,张杰,2010. 历史文化名镇名村保护中的建筑分类策略研究——以三亚崖城历史文化名镇和山东朱家峪历史文化名村保护为例[J]. 南方建筑(3):70-74.
[134] 张杰,庞骏,2012. 系统协同下的闽南古村落空间演变解读——以福建晋江历史文化名村福全为例[J]. 建筑学报(04):103-108.
[135] 张十庆,1986. 明清徽州传统村落初探[D]. 南京:南京工学院.
[136] 张乾,2012. 聚落空间特征与气候适应性的关联研究[D]. 武汉:华中科技大学.
[137] 张楠,2010. 作为社会结构表征的中国传统聚落形态研究[D]. 天津:天津大学.
[138] 张松,2001. 历史城市保护学导论——文化遗产和历史环境保护的一种整体性方法[M]. 上海:上海科学技术出版社.

[139] 张玉坤,1996. 聚落・住宅:居住空间论[D]. 天津:天津大学.

[140] 张玉坤,李贺楠,2004. 中国传统四合院建筑的发生机制[J]. 天津大学学报(社会科学版),6(4):101-105.

[141] 张政伟,2011. 乡土建筑遗产自治保护研究[D]. 上海:复旦大学.

[142] 郑东军,吕军辉,2006. 中原第一红石古寨——临沣寨探微[J]. 中原文物(05):80-84.

[143] 朱晓明,2010. 一个皖南古村落的历史与现实[M]. 上海:同济大学出版社.

[144] 朱建达,陈珍珍,徐国平,2008. 程墩村住宅需求调查与分析[J]. 建筑学报(4):17-19.

[145] 周乾松,2013. 我国传统村落保护的现状问题与对策思考[N]. 中国建设报,2013-01-29:003.

[146] 邹砺锴,2005. 中国民居象征文化浅析——平遥民居与徽州民居之比较[J]. 华中建筑,23(6):9-11.

[147] 左满常,白宪臣,2007. 河南民居[M]. 北京:中国建筑工业出版社.

【日文文献】

[1] 高桥鹰志,1997. 人间-环境系研究における理论の诸相[M]. 日本建筑学会. 人间-环境系のデザイン. 彰国社.

[2] 宫川尚志,1956. 六朝时代の村について[M]. 东京:日本学术振兴会.

[3] 宫川英二,1979. 风土と建筑[M]. 东京:彰国社.

[4] 黒野弘靖, 菊地成朋,1998. 村落と屋敷の対応関係からみた散村の構成原理: 礪波散居村における居住特性の分析その2[C]. 日本建築学会計画系論文集(507): 151-155.

[5] 河畑淳司, 木多道宏, 舟橋國男, 等,2002. 千里ニュータウン計画除外地区における住環境変容に関する研究その3: 旧集落における社会空間関係の分析[C]. 平成 14 年度日本建築学会近畿支部研究報告集(5063): 249-252.

[6] 吉阪隆正,1986. 住居の形態[M]. 东京:勁草書房.

[7] 李斌,舟橋國南,鈴木毅,等,2000. 住宅地區における空間構造及び居住領域意識に関する日中比較研究[J]. 人間・環境學會誌(17):33.

[8] 李斌,舟橋國南,鈴木毅,等,2000. 上海市の里弄・新村における居住領域意識に関する研究[C]. 日本建築學會計畫系論文集(532):163-170.

[9] 山本多喜司,1992. 人生移行の発達心理学[M]. 东京:北大路書房.

[10] 周南,青木正夫,上和田,等,1999. 中国における[非一明两暗型]住宅の平面构成及び住まひ方に関する研究[C]. 日本建築学会計画系論文集(518): 105-112.

[11] 佐佐木大,2002. 彝族平頂土掌房における住様式の持続と変容 一中国雲南省・伝統的陸屋根住居の空間構成に関する研究[C]. 日本建築学会計画系論文集(368): 103-112.

[12] 宗迅, 福川裕一,2011. 中国洛陽郊外衞坡村老街四合院の空間構成[C]. 日本建築学会計画系論文集(688): 1893-1902.

【英文文献】

[1] Alan Sharpe,1995. Old and new[M]. Sydney:the Book Company.

[2] Alexander C, et al,1977. A pattern language[M]. New York: Oxford University Press.

[3] Altman I,1975. Environment and social behavior[M]. Monterey. Ca:Brooks / Cole.

[4] Altman I,1987. Handbook of environmental psychology[M]. New York: John Wiley & Sons.

[5] Amos Rapoport,1969. House form and culture[M]. Eaglewood Cliffs,NJ:Prentice—Hall Inc.

[6] Baker H D R,1979. Chinese family and kinship[M]. New York: Columbia University Press.

[7] Barker R,1973. Qualities of community life[M]. San Francusco: Jossey-Bass.

[8] Bechtel R B, R W Marans, et al,1987. Methods in Environmental and Behavioral Research[M]. New York: Van Nostrand.

[9] Becker F D, Coniglio C,1975. Environmental messages: personalization and territory[J]. Humanities(11):55 - 74

[10] Berry,Brian J,1985. Islands of renewal in seas of decay:in the new urban reality[M]. Paul E. Peterson,ed. Washington:The Brookings Institution.

[11] Canter D,1985. Applying psychology[C]. In Augural Lecture at the University of Surrey.

[12] Clay P L,1979. Neighborhood renewal: middle calss settlement and incumbent upgrading in American neighborhoods[M]. Lexington,MA:Lexington Books.

[13] Csikszentmihalyi, Rochberg-Halton, 1981. The meaning of the things[M]. Haltln: Cambridge University Press.

[14] Don L Klima,1977. The environmental review process and cultural resources management:a case study[M]. Atlanta,Georgia:Westvies Press.

[15] Eastman Lloyd E,1988. Family, fields, and ancestors:constancy and change in China's social and economic history(1550—1949) [M]. New York and Oxford:Oxford University Press.

[16] Fairbank W,1994. Liang and Lin: partners in exploring China's architectural past[M]. Philadelphia: University of Pennsylvania Press.

[17] Gamble Sidney D,1921. Peking:a social survey[M]. London and Peking: Oxford University Press.

[18] Hassan Fathy,1973. Architecture for the poor——an experiment in rural Egypt[M]. Chicago: The University of Chicago Press.

[19] Hanson J, 1998. Decoding homes and houses[M]. Cambridge: Cambridge University Press.

[20] Hillier Bill,1984. The social logic of space[M]. London: Cambridge University Press.

[21] Hillier Bill,1999. Space is the machine: a configurational theory of architecture[M]. London: Cambridge University Press.

[22] Henkel G,2001. Changing concepts for and features of village development in Germany from 1950 to the present[C]. Schmied D, Wilson O. The Countryside in the 21st Century. Bayreuth: Naturwissenschaftliche Gesellschaft Bayreuth e. V. (Bayreuther Geographische Arbeiten, 26)

[23] Ittelson W H, L G Rivlin,et al,1970. The use of behavioral maps in environmental psychology[C]. Environmental Psychology:Man and his physical setting. New York:Holt,Rinehart and Winston:658 - 668.

[24] Kaya N, Erkip F,2001. Satisfaction in a dormitory building: the effect of floor height on the perception of

room size and crowding[J]. Environment and Behavior(33):35 - 53

[25] Knapp Ronald G,1986. China's traditional rural architecture: a cultural of geography of the common house [M]. Honolulu: University of Hawaii Press.

[26] Knapp Ronald G,1999. China's living house folk belifs symbols and household omementation[M]. Honolulu: Unversity of Hawaii Press.

[27] Knapp Ronald G,2000. China's old dwellings[M]. Honolulu: Unversity of Hawaii Press.

[28] Knapp Ronald G,1989. China's vernacular architecture: house form and culture[M]. Honolulu: University of Hawaii Press.

[29] Milbert A,2005. Transformation in rural areas in Germany[M]. Geographische Rundschau: International Edition, 1(1): 2329.

[30] Miller, et al,1981. Social density and affiliative tendency as determinants of dormitory residential outcomes [J]. Journal of Applied Social Psychology(11):356 - 365.

[31] Rozman Gilbert,1973. Urban networks in Ch'ing China and Tokugawa Japan[M]. Princeton: Princeton University Press.

[32] Rudofsky B,1964. Architecture without architects[M]. London: Academic Editions.

[33] Sobel M E,1981. Lifestyle and social structure-concepts, definition, analyses[M]. New York: Academic Press.

[34] Tarlor R B,1988. Human territorial functioning[M]. New York: Cambridge University Press.

[35] Thomas F King,2003. Places that count: traditional cultural pro-perties in cultural resource management [M]. Walnut Creek,CA: Altamira Press.

[36] Tonnies F,1963. Community and society[M]. New York: Harper.

[37] Vikas Mehta,2006. Lively streets: exploring the relationship between built environment and social behavior [M]. Maryland: University of Maryland Press.

[38] Wan-Wen Huang,2010. A territory study of the Li-long housing in shanghai by relation schema database system[C]. EBRA 2010 9th International Symposium on Environment-behavior Research.

[39] Wang Haofeng, Ye Min,2005. Social and geometrical centrality of Chinese courtyard house[C]. the 5th International Space Syntax Symposium. June 13 - 17.

[40] Wang Haofeng,2006. Architectural intent and its vernacular process amorphological study of the spatial planning concept intraditional settlements and courtyard houses in Huizhou[D]. Hong Kong: Ph. D. Dissertation of the University of Hong Kong.

[41] Werner C M. Brown,B, Altman I,2002 . Transactional oriented research: examples and strategies / Bechtel R B,Churchmana[J]. Handbook of environmental psychology. New York: John Wiley & Sons,203 - 221.

[42] Zeisel J,1981. Inquiry by design: tools for environment-behavior research monterey[M]. CA. Brooks/Cole Publishing Company.

后　记

本书来源于多年前完成的博士论文，主要基于对河南郏县传统村落的调研，当时正是新农村建设兴起的时候，传统村落的保护和发展面临新的机遇和挑战，需要对于传统村落的内在空间行为特征做一些研究。后来我又观察到河北、湖南、广东等地的一些传统村落，发现在河南得出的许多规律在这些地区也是适用的。

近年来各地的传统村落保护发展有一些新的变化，如旅游业、新民宿业在一些传统村落得到发展，传统村落得到越来越多的重视，我希望本书能加深人们对于传统村落的理解和认识。

感谢同济大学李斌教授，感谢东南大学出版社，也感谢我的家人，他们为本书提供了支持和帮助。

2018 年 11 月